品牌力

品牌IP化之路

尤政翔◎著

中国纺织出版社有限公司

内 容 提 要

品牌的 IP 化，就是以打造 IP 的思维和方法来开展品牌的建设和重塑。本书主要包含五部分的内容。一是定位，意味着品牌的战略和方向，其本质是建立差异化竞争，即品牌通过差异化让自己与众不同，赢得关注。二是人格，它是品牌 IP 的内核，也是 IP 内容创造与互动的源泉。三是形象，它是品牌 IP 人格的视觉化演绎。因为形象让 IP 人格更加可视化和生动化，更容易被受众接受。四是运营，其核心是内容创造和用户互动。五是品牌 IP 运作成功后考虑跨界合作，推出衍生产品和服务，让 IP 价值最大化。本书适合创业者、公司领导者或者是品牌运营者阅读与收藏。

图书在版编目（CIP）数据

品牌力：品牌IP化之路 / 尤政翔著. --北京：中国纺织出版社有限公司，2024.6
ISBN 978-7-5229-1722-1

Ⅰ.①品… Ⅱ.①尤… Ⅲ.①品牌—企业管理 Ⅳ.①F273.2

中国国家版本馆CIP数据核字（2024）第081737号

责任编辑：曹炳镝　　责任校对：高　涵　　责任印制：储志伟

中国纺织出版社有限公司出版发行
地址：北京市朝阳区百子湾东里 A407 号楼　邮政编码：100124
销售电话：010—67004422　传真：010—87155801
http://www.c-textilep.com
中国纺织出版社天猫旗舰店
官方微博 http://weibo.com/2119887771
三河市延风印装有限公司印刷　各地新华书店经销
2024 年 6 月第 1 版第 1 次印刷
开本：710×1000　1/16　印张：11.75
字数：120 千字　定价：58.00 元

凡购本书，如有缺页、倒页、脱页，由本社图书营销中心调换

前言

在人口红利爆发时期，很多企业都品尝到了流量带来的甜头，纷纷高喊着"得流量者得天下"的口号。然而，如今人口红利已经逐步减退，由此带来的流量红利也要见底，市场进入了红海阶段。此时，互联网也从增量市场变为存量市场。那么，在流量"荒"的当下，各个品牌在保住存量的前提下，如何突破困局，改变颓势，扩大自身的影响力，从而实现经济效益的增长呢？此时，品牌IP化便应运而生。

那么，什么是品牌IP化呢？一言以蔽之，品牌的IP化就是以打造IP的思维和方法对品牌进行建设和重塑。在如今这个新商业时代，人们的消费需求不断升级，表现在消费功能性商品的同时，更注重追求商品背后的自我认同感和归属感。此时，品牌IP化正好迎合了人们的消费需求。于是，企业通过打造品牌IP，与消费者建立密切的情感联系，进而实现营销转化，这已经成为众多企业想要提高自身品牌力的必由之路。

品牌IP化是以心灵触达为导向的全新品牌塑造方式。它不仅可以激发用户的情感共鸣，还能提高品牌的辨识度，增加品牌的亲和力和用户黏性，从而不断地、优质地升级品牌资产。

通常来说，一家企业要想走好品牌IP化之路，就要聚焦以下几个关键因素：

（1）定位，指的是企业的战略和方向。定位的本质是建立差异化竞争，即通过差异化让自己与众不同，从而赢得关注。

（2）人格。它可以说是品牌IP的内核，也是IP内容创造与互动的源泉。另外，人格打造最关键的一点是自带感染力、话题和势能。这种势能虽然潜藏其中，但一经激发就会瞬间火爆。

（3）形象。它是品牌IP人格的视觉化演绎。形象能够让IP人格可视化和生动化，更容易被受众接受。

（4）运营。其核心是内容创造和用户互动。

（5）品牌IP运作成功后，可以考虑跨界合作、衍生周边产品和服务，让IP价值实现最大化。

以上就是《品牌力：品牌IP化之路》这本书的创作思路。这是一本企业品牌打造类的书籍，更是一本教会你如何系统地打造品牌IP的指南。在这本书里，你可以看到品牌IP化的运营思路，也可以看到每个思路下诸多细节的心得体验输出。

比如，书中涉及"IP定位"的话题，会阐述IP定位包括哪些方面，每个方面的定位又有什么样的实用技巧；企业在进行IP定位的过程中如何把握人性，如何利用IP定位打造差异化的形象，如何更精准地找到用户的情绪共振点，如何打造超级符号等。

读完本书之后，你会收获很多专业的营销知识，它们都可以有效提升你的认知，增长你的实操经验。另外，为了方便大家理解，也为了增加文章的趣味性和可读性，书中还列举了上百个企业实操案例，供大家学习和借鉴。

你如果是一个创业者，或者是公司的领导者，或者是运营者，不妨来阅读此书，相信书中的内容会开阔你的视野，帮你找到经营品牌的很多新思路，进而为你的品牌赋能，最终实现企业二次增长的目标。

著者

2023 年 12 月

目录

第一章
品牌力：创建强势品牌，构建竞争壁垒

什么是品牌力 ·· 2

企业的品牌力有哪些等级 ···································· 3

打造品牌力的四个核心要素 ································· 6

提升品牌力，把品牌建在消费者心里 ····················· 11

塑造 IP，让品牌影响力最大化 ····························· 14

第二章
找到品牌破圈的"金钥匙"：孵化 IP

解析 IP 和超级 IP 的异同 ···································· 20

孵化 IP 的五个要素 ··· 23

从普通 IP 到超级 IP 的三个阶段 ··························· 26

解锁七种超级 IP 的孵化模式 ······························· 28

文化母体是孵化 IP 的沃土 ·································· 30

第三章
打造品牌 IP，助力品牌重塑未来

打造品牌 IP，构建自己的商业护城河 ……………………… 34
打造品牌 IP 的四个核心步骤 ……………………………… 39
爆款 IP 必备的四个基本条件 ……………………………… 43
盘点各类 IP 赋能品牌的经典案例 ………………………… 46

第四章
做好品牌定位，走好品牌 IP 化的第一步

什么是品牌 IP 化 …………………………………………… 52
品牌定位是品牌 IP 化的基础和核心 ……………………… 56
打造差异化形象，强势品牌烙印 …………………………… 60
找准与用户的情感共振点 …………………………………… 64
把握人性，确定故事焦点 …………………………………… 71
打造超级符号，做好品牌建设 ……………………………… 76

第五章
品牌人格化：品牌 IP 化的核心

一个成功的人格化品牌是其最好的公关 …………………… 82
十二种品牌人格原型，你钟情哪一种 ……………………… 84
六个维度，打造好品牌的"人设" …………………………… 87
品牌人格不要太完美 ………………………………………… 92

塑造品牌人格的五个关键要点……93

   案例拆解：三只松鼠的人格化营销……97

第六章
塑造好品牌形象，做好品牌 IP 人格的视觉化演绎

   设计品牌形象，切勿踏入这几个误区……102

   塑造品牌形象需要遵守的六个原则……105

   根据目标人群的喜好，确定 IP 主题形象……109

   运用好视觉元素，构建一个成功的品牌形象……111

   盘点品牌形象的八大传播方式……117

第七章
做好 IP 化运营，推动品牌的建设和发展

   品牌 IP 化运营的几个重要意义……126

   品牌 IP 化运营的三大板块……128

   与用户的互动是品牌 IP 运营的关键……130

   避开品牌 IP 运营的六大陷阱……131

   这才是打开品牌 IP 运营的正确方式……134

   揭秘成功 IP 运营的三个关键点……137

第八章
五大品牌运营思维，让 IP 助力品牌快速深入人心

用户思维：得用户者得天下 ·· 142

产品思维：品牌运营的法宝之一 ·································· 147

场景思维：提升品牌的体验价值 ·································· 150

平台思维：对接需求和服务，助力品牌快速增长 ············ 154

大数据思维：为品牌腾飞插上翅膀 ······························· 156

第九章
跨界衍生将品牌 IP 价值最大化

品牌为什么要跨界联名 ··· 160

品牌跨界如何有效地利用 IP ······································ 163

跨界联名营销这样玩，创造出自带流量的新蓝海 ············ 166

IP 衍生品，让传播效果事半功倍 ································ 169

高效开发 IP 衍生品的几个注意事项 ···························· 172

如何打造爆款 IP 衍生品 ··· 175

第一章

品牌力：创建强势品牌，构建竞争壁垒

什么是品牌力

分众传媒的创始人江南春说过，市场主要有三种力，一种叫产品力，一种叫渠道力，一种叫品牌力。在中国经济发展的初始阶段，我们主要看的是产品力，即一种通过满足消费者欲望和需求，使之产生购买欲的能力。那个时候，人们需要大量的商品，谁有工厂，谁能生产出产品，谁就有竞争力。

后来，随着社会的发展，很多生产出来的产品被大量地滞留库房，这个时候，谁找到售卖的渠道，谁就有竞争力。换句话说，这是一个依靠渠道发力的时代，渠道能力才是企业获得市场控制权的"秘籍"。后来，行业发展进入成熟期，渠道的可得性已经没有那么复杂，这个时候，每个企业就要扪心自问一下：企业自身的核心竞争力是什么。换句话说，客户愿意选择你，而放弃其他品牌的理由是什么。此时，你的品牌力的重要作用和意义就凸显出来了。

那么，什么叫企业的品牌力呢？这是工商管理领域的一个专业术语。它是渠道经营主轴，是知名度、美誉度和诚信度的有机统一，是指消费者对某个品牌形成的概念对其购买决策的影响程度。品牌力基本上是由品牌商品、品牌文化、品牌传播和品牌延伸这四个要素在消费者心智中协同作用而形成的。

现如今，品牌力对于一个企业的发展而言至关重要。企业如果缺乏品牌力，将很难以独特的方式吸引消费者的关注，也很难在消费者心中留下深刻的印象，更加无法激发用户产生购买的欲望，当然也无法将企业形象凌驾于竞争对手之上。这样一来，企业很容易被激烈且残酷的市场所淘汰。

对于企业而言，品牌力就是生命力，品牌力就是竞争力。如果一家企业的品牌影响力足够大，那么它就能帮助企业提升品牌价值，从而使得企业有足够的实力与竞争对手相抗衡。品牌力好的企业，其客户忠诚度也高，其市场占有率在行业内也是名列前茅，所以企业的销售额会遥遥领先，企业的市值也会跟着水涨船高。因此，重视品牌建设，构建强大的品牌力，是每个谋求发展的企业的共同选择和重要任务。

企业的品牌力有哪些等级

2022年，知名奢侈品品牌巴黎世家推出一款手提包，瞬间登上了各个社交平台的热搜榜单。网友直呼这款包的外形像极了几块钱一卷的"大垃圾袋"。更离谱的是，这款被万千网友集体吐槽的手提包的售价竟高达12000元。同年，巴黎世家还推出了全球限量100双的"破烂"鞋子，这些鞋子的表面看似又脏又破。网友调侃，这样的鞋子即使乞丐见了也会摇头。可这款鞋子的售价竟然高达13000元。

由此可见，品牌力对一家企业的经济效益会产生多么深远的影响。

品牌是一家企业宝贵的财富。一个强有力的品牌不仅能让产品升华，而且还能将整个市场带入新的高度。在这个消费需求不断升级的时代，企业要想脱颖而出，获得丰厚的经济效益，必须要有品牌做支撑，必须将品牌建设升级到战略高度。但是要将一个品牌做起来却并不是一件简单的事情。

一般来说，一个品牌通常要经历以下几个过程，才能慢慢蜕变成人们耳熟能详且口口相传的"香饽饽"。

品牌力由低到高分为四个等级，其中，无品牌力被定义为"未定级品牌"，品牌力低被称为"新创品牌"，品牌力中等被称为"成长品牌"或"潜力品牌"，品牌力高则称为"知名品牌"。另外，因为"未定级品牌"和"新创品牌"的品牌影响力极低，所以商家要想在各个平台开店铺会受到一定程度的影响。下面我们以抖音平台为例，通过两张表（表1-1和表1-2）为大家详细介绍品牌力对于商家可选择的店铺类型的影响，以及品牌等级的一些划分标准和提升建议。

表 1-1　抖音电商品牌力等级划分与店铺类型的选择

品牌力	品牌类型	店铺类型					
		官方旗舰店	旗舰店	专卖店	专营店	企业店	个体店
高	知名品牌	√	√	√	√	√	√
中	潜力品牌		√	√	√	√	
	成长品牌			√	√		√
低	新创品牌					√	

注　若品牌涉及违法行为，如侵权、售假、资质造假等，或涉及较大舆情，平台将对该品牌进行品牌力降级处理。

表 1-2　抖音电商品牌力等级划分标准以及提升建议

品牌力	品牌名词	标准	提升建议
高	知名品牌	品牌在抖音电商近180天结算GMV（商品交易总额）超过600万元，且品牌在用户的心智和服务口碑上有一定的积累	全面提升抖音电商站内品牌店铺的销量，并持续经营和沉淀品牌用户/会员资产
中	潜力品牌	品牌抖音电商近180天结算GMV在30万~600万元区间，店铺有一定的经营沉淀	·持续经营内容场（自播、达播）； ·抖音电商内销量提升：增加搜索量、商城的经营； ·关注并报名参加抖音电商的营销活动
	成长品牌	品牌抖音电商近180天结算GMV在7万~30万元区间，经营处于起步阶段	·抖音电商内销量提升：店铺自播、达播； ·品牌粉丝积累数据途径：店铺自播、官方号发布短视频
低	新创品牌	品牌在抖音电商近180天结算GMV低于7万元，经营处于起步阶段	·入驻抖音电商，经营店铺； ·完成品牌与店铺的人店一体账号绑定； ·抖音店铺开始经营
无	未定级品牌	暂无品牌心智，未完成抖音电商品牌综合实力判断	提交正确品牌材料

注　除结算GMV外，平台将结合品牌的曝光量、用户搜索量、品牌成立时间、线下门店数以及社会影响力等多维度综合评定。

从表1-1和表1-2我们可以看到品牌力等级对于商家或者企业具

有多么大的影响。一家新企业要想持续发力，平稳发展，必须将品牌升级到战略高度，再集企业全体之力，让所有的研发、设计、生产、销售等环节都围绕着品牌建设展开，这样企业才能构筑起属于自己的安全护城河。

打造品牌力的四个核心要素

一家企业的品牌力既决定了其产品的溢价能力，也决定了企业未来的发展高度。身处复杂多变的商业环境中，每家企业的首要任务就是打造自身的品牌影响力，以便抢占消费者的心智和市场份额，从而争取到更多的销售业绩。企业只有这样做，才会让自己拥有强大的竞争力。

那么，对于企业管理者而言，应该如何打造自身的品牌力呢？下面我们介绍打造品牌力的四个核心要素。

1. 品牌产品

人们常说，天下没有不好的产品，只有不好的营销。其实这句话是不正确的。对于品牌产品来说，营销手段固然重要，但一个品牌如果缺乏好产品做支撑，那么它将很难健康长远地发展下去，因为产品是品牌的重要载体，更是塑造品牌形象的根本保障。一个合格且优秀的产品在俘获消费者"芳心"的同时，也开启了消费者认识品牌的第一扇门。如果我们离开产品和消费者的感受谈品牌,那么品牌就像空中楼阁,很难形成坚不可摧的品牌影响力。要论一个品牌好不好,消费者首先会从产品的消费感受出发,其次是结合产品的使用效果,从而做出自己的推断。消费者在使用过程中,如果有了好的消费体验,那么品牌的光环才能叠加。

所以塑造品牌力的核心要务是从产品本身出发,而只有生产出符合消费者需求的产品,让产品赢得市场,也让产品带动品牌,这样的品牌才能成功出圈,成为消费者的首选。

2.品牌文化

随着人们生活水平的提高,除了品牌产品的性能外,人们越来越重视品牌所蕴含的精神价值。这个时候,聪明的商家既不会单纯地围绕产品的功能做广告宣传,也不能以自己为中心做一些营销活动,而是构思一些能打动消费者的内容,引起消费者的共鸣。当品牌与消费者之间产生精神联结,成为消费者的精神挚友,那么它就能赢得消费者的忠诚,赢得稳定的市场份额。

不同于其他白酒品牌大气稳重的品牌形象,江小白的创始人陶石泉一开始就将自己品牌的产品锁定在"小聚、小饮、小时刻、小心情"这四个消费场景中,那些初涉社会的年轻人便成了江小白的核心顾客。针对这一类顾客群体,江小白的酒体选择了度数低,喝起来纯净清爽的清香型高粱酒,这大大满足了年轻人的需求。另外,为了迎合年轻的消费群体,江小白在赞助的《奇葩说》节目中,抛出"我单纯,我敢说"的口号，这既点明了该节目"敢说"的调性，又指出江小白"单纯顺口"的口感特点，同时更加契合当代年轻人单纯果敢、敢于表达真实自我的精神追求。这样的文案一语道出了核心消费群体的世界观和生活观，所以江小白一经推出，很快在网络走红。

一个品牌要想获得客户高度的忠诚和认可，必须拥有深刻而丰富的文化内涵。另外，不同的品牌应该有自己独特的文化内涵和"精气神"，这样品牌才能有辨识度。此外，一个品牌也应该代表某类人群共有的精神、价值观，这样在品牌文化传播过程中，品牌才能让特定的消费者形成强烈的共鸣和品牌信仰，最终形成强烈的品牌忠诚。

3. 品牌传播

中国有句老话叫作"酒香也怕巷子深"一个好的品牌，如果被藏在"深巷"里，无人知晓，那么自然也没人购买。所以，品牌力的打造离不开宣传，消费者只有获得品牌相关信息，才能维持品牌的记忆，也才能有购买的可能。同时，品牌只有受到广泛的宣传，才有可能获得认可度、美誉度，从而成就独特的品牌形象，打造强劲的品牌影响力。

一般来说，品牌传播主要有如下几种方式。

（1）公关传播。即公共关系传播，是指组织通过报纸、广播、电视等大众传播媒介，辅之以人际传播的手段，向其内部及外部公众传递有关组织各方面信息的过程。它是企业形象、品牌、文化、技术等传播的一种有效解决方案，包含投资者关系、员工传播、事件管理及其他非付费传播等内容。

（2）广告传播。它是指品牌所有者以付费方式，委托广告经营部门通过传播媒介，以策划为主体，创意为中心，对目标受众所进行的以品牌名称、品牌标志、品牌定位、品牌个性等为主要内容的宣传活动。

（3）促销传播。它是指通过鼓励对产品和服务进行尝试或促进销售等活动而进行品牌传播的一种方式，其主要工具有赠券、赠品、抽奖等。

如今，品牌传播的方式逐渐走向多元化。在此过程中，品牌商家还加强了与客户的互动，以此提升客户对品牌的参与感。比如，达美乐在2011年推出了一款名叫"Pizza Hero"的应用程序，消费者可以通过这款软件私人定制自己中意的比萨。包括，使用哪些原料，添加什么蔬菜、肉、芝士，甚至酱料都是自己说了算。等到设置完成，就可以直接下单，等待商家制作，并送货上门。

2012年，达美乐还推出了无人机送餐的服务，不过这项服务不是针对所有人，他们会随机挑选一位幸运顾客，为其提供无人机派送比萨的服务，而且，无人机如果能够在一个小时内送达，那么这位幸运客户还可以获得免单的权利。这位幸运儿自然会很兴奋，并且很乐意在社交媒体上炫耀一番自己与无人机的合影。就这样，有关"达美乐送餐无人机合影"的话题屡屡成为社交媒体的热点内容，达美乐也借此机会收获了十多万的粉丝。有了传播方式的助力，大量粉丝的加持，该公司的全年销售额大幅增长。

4.品牌延伸

品牌延伸是指企业将某一知名品牌扩展到与原产品不尽相同的产品

上，凭借现有的品牌知名度推出新产品的过程。品牌延伸是永葆品牌吸引力，使其长期得到消费者青睐和忠诚的一剂良方，同时品牌延伸也是扩大品牌影响力的一个重要手段。

比如，男装品牌七匹狼所奉行的经营策略就是"以主品牌打头，副品牌做延伸"。该品牌针对市场上不同消费群体的消费需求，设计了不同类型的产品，比如中高端的"七匹狼"、时尚休闲的"与狼共舞"、高端休闲的"马克·华菲"等子品牌。三者互相助力，互相弥补，共同提升品牌影响力。

再比如，娃哈哈最开始是做儿童口服液的企业，后来娃哈哈进行了多方位的产品延伸，陆续推出了蛋白饮料、包装饮用水、碳酸饮料、茶饮料等十余类二百多个品种的产品。正因为多处发力，使得该品牌快速占有并扩大市场份额，成为中国饮料行业的龙头企业。

总而言之，品牌力是由品牌产品、品牌文化、品牌传播和品牌延伸四要素在消费者心中协同作用而形成的。一个品牌要想在残酷的市场竞争中迅速崛起，就需要用产品带动品牌，用文化赢得忠诚，用传播提升销量，用延伸促进发展，这样品牌形象才能实现完美蜕变。

提升品牌力,把品牌建在消费者心里

我们都知道,如今的商业竞争不仅仅局限于产品的竞争,更重要的是品牌之间的竞争。如果品牌建设成功,就能在消费者心中建立不可取代的地位,那么消费者只要看到这个品牌的商标,就会心甘情愿地买单。

换句话说,品牌是企业的一笔重要资产,如果企业的品牌力能够得到提升,那么品牌的知名度和影响力也会跟着水涨船高,与此同时,该品牌的产品销量也会增加。

总而言之,品牌力的提升对于企业而言刻不容缓。企业只有提升了自己的品牌影响力,才能增强消费者的信任度,从而提升自己在同类产品中的辨识度,才能提升自身的实力。那么具体来说,企业应该如何做才能让自己的品牌家喻户晓呢?以下是大部分企业在进行品牌建设时常常会出现的操作误区。

1. 单纯地用轰炸式广告攻占市场

很多商家对广告过度依赖,他们认为,只要持续地用轰炸式的广告给消费者"洗脑",就能让自家品牌深深植入消费者的脑海里。事实上,广告传播虽然能加深消费者对品牌的印象,但是这很难建立品牌资产。

品牌力的打造是一个系统的工程，企业除了依靠广告吸睛，还要凭借品牌自身的核心价值理念攻占消费者的内心，这样才能在消费者心中树立起良好的且值得信赖的品牌形象。

举一个成功的案例。如今是一个内卷的时代，大家凑一起聊天，就会卷家庭、卷事业、卷孩子、卷颜值、卷身材等。人们在和同龄人的比较中，内心逐渐变得焦虑不安，在默默羡慕别人的同时，内心又自卑、敏感，自愧不如。某化妆品品牌意识到了这个社会现象，在妇女节，发布名为《致同龄人》的短片，开启一系列话题探讨，借此传递了品牌主张：愿你拥有敢比的勇气，更有不比的底气。比起自我吹嘘式的广告措辞，这样具有思想内涵的广告内容更能打动消费者的内心。

2.广告只追求时尚，忽视广告的长期性和一致性

"广告教父"大卫·奥格威在《一个广告人的自白》里提出："广告要保持品牌形象的一致性和长期性。"而广告要符合产品一贯的定位，每一则广告都应该被看作是为树立品牌形象作贡献，是对品牌性格的长期投资。可很多的商家并不明白这一点，而是跟随时尚的脚步，一味地追求多变。这样的操作虽然能带来短期的经济效益，但是对于品牌整体价值感，以及品牌威望的塑造并无裨益。所以，一家企业要想自身的品牌形象深深地烙在消费者的脑海，就一定要坚守自己的定位，不可因为一时的风吹草动，就轻易更改广告的主基调。

3.品牌推广只注重产品的功能特性，忽略品牌的核心价值

大卫·奥格威说过，品牌要有鲜明个性。一个品牌没有差异化的核

心价值，是很难在竞争激烈的市场环境中脱颖而出的。

如今消费者需求逐渐趋向个性化，所以，商家在为产品做宣传推广的时候，不能仅仅局限在产品的功能和特性方面，而应该针对不同的消费群体，塑造差异化的核心价值，这样才能吸引某个细分消费群的注意，从而为产品的销量打好坚实基础。

海赛威（Hathaway）一开始就将自己的衬衫定位为高端奢侈品。为了彰显自己与众不同，它将海报设计成了这个样子：一个中年男人右眼戴着一只黑色的眼罩，身穿雪白的衬衫，气宇轩昂地站立在那里，旁边有两个人正在为他量体裁衣。这则广告的标题就叫"穿海赛威衬衫的男人"。

海赛威想要通过这则广告彰显自己独特的个性。另外，该品牌还让这个"穿海赛威衬衫的男人"在此后的系列广告里吹双簧管、击剑、指挥音乐会、开名牌汽车、驾驶游艇、参加贵族的社交活动、购买梵高的名画等，这些细节处处彰显着品牌高档典雅的形象。因此产品一经推出，就受到消费者的青睐。

最后，商家在打造品牌影响力的时候，切勿急功近利。商家面对业内的竞争压力，如果自乱阵脚，做出一些短视行为，伤害了品牌核心价值，那么很有可能让自身的品牌形象毁于一旦，从而摧毁前期辛苦建立起来的消费者对品牌的信任基石。

塑造 IP，让品牌影响力最大化

众所周知，迪士尼公司是制作动画片起家，动画片早期制作成本非常高，它需要工作人员一笔一笔、一幅一幅，把动画片画出来。等到作品完成，电视台播放完毕，才能实现一次商业变现。

后来，迪士尼意识到自家公司创造出来的卡通形象以及故事结构已经根植于观众心中，那么，为什么不利用观众对于这些人物的喜爱进行二次创收呢？

有了这些想法之后，迪士尼开发出新的商业模式：开设迪士尼乐园，利用卡通形象开展一系列表演；提供住宿酒店，在酒店里提供米奇主题的套房等。总而言之，他们利用消费者对自家产品的一些认知和情感的连接，成功设计出不同层次、不同种类的服务，最后赚得盆满钵满。

迪士尼的故事告诉我们：对于成本大、耗时长的知识产权，如果变现途径比较窄的话，可以开发一些创造性的产业，利用现成的用户情感，进行多层次的变现。

一家企业经过长期的用心经营，好不容易积累了一些用户基础，与用户产生了很多良性的互动，积攒了一定的品牌资产。可激烈的竞争环境还是让竞争对手蚕食了市场份额，这个时候企业就需要建立新的信任机制，让用户坚定不移地选择你。那么，具体该怎么做呢？

在品牌建设成本大、耗时长、变现单一且不稳定的背景下，企业不妨参考迪士尼的做法，从品牌理念出发，量身打造一些专属的IP形象，然后利用这些IP形象让用户对品牌有一个全感官化的了解，让顾客感知和信任品牌，最终帮助企业实现产品变现的目的。

在上文中，我们多次提到了一个词汇"IP"。下面我们详细阐述一下这个词汇的概念，以及它对于品牌力的发展有什么重要的作用。

IP，即英文"Intellectual Property"的缩写，翻译成中文就是"知识产权"，指的是在科学技术、文化艺术等领域中，原创者对自己的创造性"知识财产"享有的专有权，除包括商标权、商号权、专利权、专有技术等一系列产业产权以外，还包括发表权、发行权、改编权、表演权等著作权。随着私域流量的兴起，IP的含义在网络语境中有了更广泛的延伸，大到某系列的小说、漫画、电视剧，小到某个人物的角色与形象，凡是可以多层次、跨产业地获得流量并成功变现的内容，都可以被称为"IP"。

IP与品牌的概念不同，不需要以产品为基础，更没有具体的意象，它代表着某种具体的形态和某种共同的价值，可以给消费者提供情感寄托，还可以实现品牌与用户的情感交互和价值认同。比如经典名著《西游记》，无论在哪个年代，人们只要一提到它，就会心潮澎湃，内心欢喜。

另外，IP个性鲜明，具有极强的辨识度，可以给用户留下深刻的印象，还可以快速获得某类消费群体的欢心。比如，广告公司BBDO在为巧克力豆品牌M&M's打造影响力时，塑造了六个性格各异的M豆：黄色M豆代表可爱的笨蛋，红色M豆代表狂妄的计谋者，绿色M豆代表性感的蛇蝎美人，蓝色M豆代表镇定自若的人，橙色M豆代表焦虑和偏执者，棕色M豆代表聪明老练的人。这些IP角色个性鲜明，有缺点但富有真实感，使M&M's成为全世界很受欢迎的糖果品牌之一。

当然，IP的作用还远远不止于此。下面，我们以2022年北京冬奥会吉祥物冰墩墩为例，给大家展示IP是如何助攻品牌破圈增长的。

中国社会科学院研究员、新闻与传播研究所网络学研究室主任孟威在接受记者采访时说："冰墩墩外形很有创意，寓意很美好。胖胖的熊猫戴着寓示超能量的冰晶头盔，形象酷似航天员，既呆萌可爱，又敦厚亲切。这一形象融合了传统文化和科技元素，契合互联网年轻圈层的审美心理，体现了健康、奋进、团结的奥运精神，因而赢得全球关注和喜爱。"冰墩墩这个IP凭借着招人喜爱的外表，以及积极正向的精神内涵，在冬奥会上火得一塌糊涂。据说，当时"天猫奥林匹克旗舰店"涌入上百万的网友，一瞬间"冰墩墩"相关纪念商品全部售空。那时候，人们一"墩"难求，不管是线上还是线下都买不到。就连2022年2月7日刚开市的A股也出现了全新的冰墩墩概念股，并纷纷涨停。从上面的这个案例，我们可以看出爆款IP的商业价值有多么大，IP对品牌的影响力有多少的深远。

了解了塑造 IP 对品牌的重要作用之后，我们接下来就要进一步探讨打造 IP 需要做哪些努力。一般来说，爆款 IP 具备以下三种属性。

1. 情感正向

众所周知，大众需要积极正向的情感，而各个平台也都鼓励大家创造积极正面的内容，所以正向的情感是主流，也是 IP 成为爆款的一个重要决定因素。品牌要想打造一个爆款 IP，首先要把自己的情感基调定好，积极正能量的内容才是首选。

比如，广告语"开心就喝可口可乐"宣传的是快乐的主题，蚂蚁金服的企业宣传片告诉大家"每个认真生活的人都值得被认真对待"。这些充满鼓励性的话语，可以让广大消费者在体验产品的过程中获得正向情感价值。

总而言之，能做成长久的 IP，一般都会为大众提供正向的情感输出，而且，提供的正向情感越丰富，层次越多，IP 受欢迎的程度就越高，寿命也越长。

2. 视角新奇，新颖有趣

要想让 IP 脱颖而出，一眼就被大众牢记，我们在塑造 IP 的时候要选择新奇的角度，要能激发用户的好奇心，调动用户的参与感。比如，电影《哪吒之魔童降世》的主角哪吒并非人们传统印象中那个脚踩风火轮、手拿乾坤圈的形象，而是一个体内有"魔丸"，顶着一对黑眼圈，一脸邪恶的另类形象。这种颠覆常规的角色很容易吸引用户的眼球。另外，电影的内容也不只展示传统意义的父母亲情，它还抨击了人世间的执拗和偏见。一句经典台词"人心中的成见是一座大山,任凭你怎么努力都休想搬动"引起共鸣。有趣的角色,新奇的视觉,让这个IP成了一个爆款。

3. 引发共鸣

引发共鸣是每个爆款IP必备的属性。如果品牌在打造IP的时候,不会"经营情绪",无法调动消费者的情绪,不能引发他们的共鸣,那么将很难把情绪绑到自己的产品和品牌上来,也很难让消费者认定你的品牌和产品。反之,品牌如果能够捕捉到消费者的情感诉求,靠故事打开他们情绪的发力点,那么就很容易获得消费者的认同,进而激发他们的消费欲望。全网超火的IP一禅小和尚就是靠着一个个温暖治愈的故事轻轻戳中了当代青年内心隐秘的情感痛点。比如,"饺子要投入滚烫的沸水才能熟,人要经过痛苦的磨砺才能成长,饺子要煮,人生要熬。""信任就像一张纸,皱了,即使抚平,也恢复不了原样了。永远不要去欺骗别人,因为你能骗到的人,都是相信你的人。"这些经典语录迎合了当代年轻人的情绪,让他们产生了强烈的共鸣,因此,很多年轻人对这个IP有了更多的认同和喜爱。

总而言之,IP是私域流量时代的产物,如今越来越多的企业享受到了IP带给他们的好处,因此都开始重视IP这块业务,希望以此博得广大消费者的青睐,不断推广自己的企业形象。这是一个明智的选择。毕竟一家企业要想不被市场淘汰,就得紧跟时代的步伐,不断探索新方法,站在趋势前沿攻坚克难,这样才能为自身博得一片光明的未来。

第二章

找到品牌破圈的"金钥匙":孵化IP

解析 IP 和超级 IP 的异同

著名营销和创意人陈格雷在《超级 IP 孵化原理》一书里写了这样一段话："大多数的 IP 开发都呈现出冒进、妄动的泡沫状态，最明显的现象，就是把'IP'和'超级 IP'混为一谈：明明在做的只是一个初级 IP，但感觉上俨然当自己是超级 IP 在运作、运营……企业品牌的 IP 化也同样迷局重重，虽然有极少数企业成功抓住了 IP 价值的核心，以远超传统企业的成长速度，为消费者创造出新的价值，但大多数企业的 IP 化都只做得如同雾里看花，浅尝辄止。"

他的这段话道出了在如今这个泛 IP 时代，很多企业在 IP 孵化中存在的主要问题。的确，在开发 IP 之前，很多商家对 IP 只是一知半解，但他们却想孵化出一个超级 IP，轻松让自己的品牌名闻天下，长久地被世人所熟知。但这样做难度无异于登天。下面，我们从概念入手，探讨一下二者的不同之处。

我们了解了 IP 的基本概念，它可以通过内容、形象、价值观等对用户产生影响。而超级 IP 是什么呢？MBA 智库·百科是这样给它下定义的，超级 IP 是特指具有长期生命力和商业价值的跨媒介内容运营。简而言之，它是IP中的超级明星，是很多IP只能望其项背的存在。一个具有可开发价值的真正的IP，至少包含四个层级，我们称之为IP引擎，它们分别是价值观、普世元素、故事和呈现形式。

场景实验室创始人吴声在《超级IP：互联网新物种方法论》一书中说，超级IP具备独特的内容能力、自带话题的势能价值、持续的人格化演绎、新技术的整合善用和更有效率的流量变现能力等特征。它是万物互联时代个人化或个体化的"新物种"，是由系统方法论构建的生命周期的内容符号；它可以是具体的人，可以是文学作品，可以是某一个具象的品牌，也可以是我们难以描绘的某一个差异化的、非物质遗产的继承人。

从人们对二者的描述就可以看出，超级IP是建立在IP之上的，它比IP有更明显的优势。

1. 它可以持续创造内容，深层次地制造流量，形成新的链接机会

超级IP在人们心中是一个超级文化符号。从建立之初，设计者就得思考这个IP的情感如何定位，如何搭建世界观、哲学观，以及这个角色如何设计才具有深度等问题。IP只有打好思想的根基，才能在此基础上做进一步的衍生和再创造，从而不断制造话题。

比如，经典的科幻冒险电影《星球大战》，它之所以是超级IP，是因为它构建了一个独特的世界观体系，在此基础上它创造出一系列受欢迎的角色，比如绝地武士、暴风兵、黑武士等。这些有个性、有生命力的角色让品牌能够长期保持鲜活，并赋予了品牌持久的生命力。

2. 具有更高的辨识度，内容表达体系人格化

判断一个IP是否具备超级IP的潜质，首先要看它前期开发的层级是否有一定的深度。其次，还要看它是否构建一些差异化的内容。换句话说，超级IP的内容必须形成高度聚合的可辨识性和稀缺性价值。

另外，超级IP必须具有独特而鲜明的人格特点。在经典名著《西游记》里，嫉恶如仇的孙悟空、好吃懒做的猪八戒、有追求有信仰的唐僧及憨厚老实、任劳任怨的沙僧就代表了社会上四种不同的人格。再比如，日本品牌熊本熊之所以受大众欢迎，是因为它高度拟人化的形象以及呆萌的表情，而其不按常理出牌的行为经常给人带来意想不到的惊喜。这些差异化的人格、个性化的面孔给人留下深刻的印象，即使时间过了很久，人们也依旧能清晰地记得每一个角色。

如果把IP比作一个原创专利，那么超级IP则是一个自带流量、可拓展和开发的人格化IP。总而言之，超级IP更注重内容的人格化属性。

3. 超级IP拥有负成本连接优势

负成本连接，是指因高势能形成的被动连接状态，因连接成本的足够低廉，而被形象定义为负成本连接。它代表了其他品牌、企业、组织、社群和个人强烈的主动连接意愿，而通过多形态、多元化的连接矩阵继续构筑IP势能，形成对IP的反哺，并最终在广泛的连接中实现IP与连接对象的整体价值共建。

有潜力的IP就是通过负成本连接打造高势能的，而高势能又成了IP成长为超级IP的重要晋升通道。日本的熊本熊就是充分运用负成本连接

的方法，积累高势能，最后一举让自己成为超级 IP。

总而言之，IP 与超级 IP 二者虽然都是通过文字、图片、音频等多种载体呈现的文化形态，持续不断地输出人格化的相关内容，以此提升品牌的传播力和影响力，但二者的区别还是很大的。一个超级 IP 的崛起不像普通的 IP 那么简单，它需要设计人员以一系列完备的工作相互配合，也需要一些专业团队相互辅助，才能实现。

孵化 IP 的五个要素

网络上有这样一句话，好的 IP 就是山顶上的湖泊，IP 孵化就是修建下山的水渠，成功了那就是源源不断的财富。一个优质的 IP 既会让公司或者个人获得海量的粉丝，也能让他们获得梦寐以求的财富。那么，具体来说，一家企业应该如何孵化自己的 IP 呢？以下是需要考虑的五个方面的要素。

1. 情感

我们知道，孵化 IP 很重要的一点，是找到和人们情感共振的点，以此来确定好基本的情感内核，这可以让 IP 形象在广大的用户心中留下深刻的印象。比如，加菲猫代表着人类潜意识中的懒，熊本熊代表着人类潜意识中的傻和萌，黑武士代表人类潜意识中的阴影，这些都是人类内在的自我情感，可以精准击中每个人内心的软肋。换句话说，只要有了情感的羁绊，IP就可以在消费者的内心占据有利位置。

2. 角色

角色是IP最基本的要素，角色定位是打造品牌IP的基础工作。如果角色定位不够精准，那么打造出来的IP形象很难让消费者和品牌之间产生强烈的情感联结。那么，企业具体应该如何给IP的角色定位呢？这个还需要根据品牌的目标人群来决定。一般受众的喜好是角色定位的关键，角色有什么个性，有什么样的价值观和态度，要根据品牌的调性和受众人群的特质来综合考虑。

至于IP的角色类型的定位，我们可以选择自我投射型，也可以选择宠物伙伴型。前者指的是某种向往和欲望可以很好地引发某个特定的消费群体的共鸣，能够让他们得到提升和满足；后者则能够让人产生拥有的欲望。比如，坚果零食品牌三只松鼠里的"松鼠小酷""松鼠小贱""松鼠小美"，口腔护理品牌贝医生里的猩猩卡通牙科医生贝小猩，茶饮品牌蜜雪冰城里圆滚滚的雪人卡通形象。这些形象模样可爱，很符合消费者的审美标准，惹人喜爱。

3. 形象塑造

IP的角色有了清晰的定位之后，品牌方接下来要做的就是通过具体的形象将IP的个性化特征展示出来。换句话说，它不同于品牌的商标，它是把品牌核心要素具象为一个卡通形象。一般来说，在塑造品牌形象之前，我们需要先了解竞争对手的IP形象，并找到差异化的切入点，这样 IP 形象设计才有个性，既方便广大消费者记忆和传播，也有利于强化和塑造自己品牌的认知度和辨识度。

另外，IP 形象的设计也要建立在潜在受众的需求、审美和喜好之上，这样 IP 形象流入市场时才能受到大家的欢迎。而且，企业在塑造 IP 形象时，既要考虑角色的外貌、性格，以及背景故事，还要选择合适的颜色、图形、标志和符号，以保证让消费者产生一个良好的视觉体验。

4. 故事表现

设计好 IP 形象之后，企业需要从人性出发，制造故事内容来呈现品牌自身的个性魅力。一般来说，故事的内容来源，可以是当下流行的、时尚的、热门的，且与产品相关的话题，也可以从企业营销活动、品牌与粉丝互动或者节日活动中汲取灵感来进行故事创造。另外，关于 IP 的故事表现形式是多样的，可以是文章，也可以是海报；可以是短视频动画，也可以是制造的网络话题等。总之，一个好的故事可以抓住消费者的内心，可以让他们对品牌产生强烈的情感共鸣，从而忠诚和依赖品牌。

5. 符号原型

一个强大的 IP 都有自己的符号，比如京东的小狗 Joy、天猫的大黑猫，这些符号虽然没有固定的构成形式，但都具有独特的辨识度、简洁性和可延展性。如果符号缺乏这些特质，那么品牌在后续发展的过程中很难有大的改变空间。

反之，如果一个品牌在塑造 IP 的时候，很注重视觉呈现的这个核心部分，那么它可以在消费者心中勾勒出更为鲜明的品牌形象，这样可以迅速降低品牌的营销传播成本，加深消费者对品牌的印象。由此可见，IP符号是品牌不可或缺的一笔资产，在孵化的时候就应该重视起来。

以上就是孵化IP时需要注意的五个基本要素。除此以外，我们还要赋予IP一个良好的世界观。虽然设计独特的世界观不是孵化IP时必选的任务，却是孵化超级IP必不可少的步骤。毕竟孵化IP的根本目的是在目标受众的心中建立共同认知，并提供认知价值、实用价值或者情绪价值等，使得IP具有高辨识度、强记忆点、高价值度，使得目标受众愿意选择IP，拥护IP，且愿意为IP消费。

从普通IP到超级IP的三个阶段

在前面的章节里，我们了解到，超级IP与普通的IP相比，具有很明显的优势。所以，一个普通的IP要成功转变成一个超级IP，并非一件易事。下面我们介绍一下一个IP从普通到超级会经历哪几个阶段。

第一阶段，孵化孕育的低级阶段。在孵化IP的初始阶段，我们不能急功近利，心态浮躁。在这个打基础的时候，首先要考虑的问题是IP形象好不好，故事能否打动人，构建的世界观是否合理，IP符号受不受欢迎，内容是否有新意……如果答案是肯定的，那么IP就有成为爆款的可能。反之，如果在这个阶段没有把基础打好，那么后续成为超级IP的可能性几乎为零。

第二阶段,产品化、设计化和社群化的中阶发展阶段。当 IP 的形象、故事、产品等塑造完成,并受到大家的欢迎和认可,那么就意味着第一阶段已经完成,此时 IP 正式进入中阶发展阶段。在这个阶段,IP 需要产品化、设计化和社群化。

将 IP 产品化,即通过周边衍生品来做 IP。比如,某个 IP 大热并爆火了之后,主角使用的同款产品也大受欢迎,这个时候该产品可以作为衍生品售卖,其受欢迎程度一定会超出你的预想。古装剧 IP《陈情令》爆火之后,网络上掀起了一股周边产品销售热潮。兔子项链、主角蓝湛的同款纯银抹额、云纹手链等十分畅销,而且,即便这些周边产品工艺欠佳,价格高昂,也阻挡不了粉丝们的热情。

设计化,就是指将开发出来的产品做好符号化设计。在此过程中,我们要想方设法探讨并优化品牌的视觉识别要素,这样可以增加消费者对品牌的认知度。另外,在设计这些符号的时候,也要考虑其精神内涵,这样才能直观地呈现品牌的个性、理念和价值观。

成功的 IP 除产品化和设计化以外,还需要加强运营,形成 IP 亚文化和 IP 社群。并且,在社群的运营过程中要融入 IP,让消费者感受到品牌的可信度,以建立消费者的忠诚度。

第三阶段,品牌化和生态化的高阶运营。在这个阶段,品牌就代表着 IP 的名字或者形象,并且也进入到生态化的运作过程。一般来说,能达到这个阶段的 IP 寥寥无几,但都独具魅力。比如,风靡全球的凯蒂猫

（Hello Kitty）诞生于1974年的日本，但它依旧是人气最旺的卡通形象之一。它之所以如此受欢迎，不单单因为它代表着潮流，更因为它有一种深植于社会与性别角色的美学价值观，不管猫咪形象还是配色，都完美地契合了大众对天真无邪形象的想象，给人一种很强的舒适感和陪伴感。

不过，这些形象虽然独具魅力，受人欢迎，但它也有一定的生命周期。所以，对于企业而言，当一个超级IP诞生之后，要抓住时机，找到适合长期发展的产业进行深耕变现，这样才能使IP走上长期可持续发展的道路。

解锁七种超级IP的孵化模式

《罗马典故》里有一句谚语，条条大路通罗马。它的意思是要做成一件事，方法不止一种。同样的道理，我们要孵化一个超级IP，也要根据不同的产业形成不同的孵化模式。下面，我们介绍七种常见的孵化超级IP的模式。

第一种，全产业链闭环自主式完成。这种模式的典型代表就是迪士尼旗下的IP。这种孵化模式通常发生在同一个集团内，不管是内容创作，还是媒体发行，不管是主题乐园体验，还是跨行业授权商品落地，都实现了全产业链闭环。

第二种，以内容 IP 为中心组成的制作委员会模式。这种模式有个大前提，那就是孵化不在一个公司。当人们确定了一个内容 IP 之后，创作者、出版公司、媒体、发行公司、广播传播公司、游戏公司、玩具公司以及服饰公司等组成一个 IP 制作委员会，大家协作将 IP 做大做强。这种孵化模式的代表有《航海王》《哆啦 A 梦》《火影忍者》等。

这种模式群策群力，虽然可以将超级 IP 做得非常好，但是由于参与者众多，可能会出现决策慢、转身慢、权益纠纷等问题。

第三种，企业自主推出 IP 形象模式。这种模式的典型代表就是米其林轮胎。其特点是以形象为主导，核心功能是辅助品牌和产品发展，同时也做一些 IP 化的延伸。

当然，这种孵化模式，在国内也有很多品牌在学习借鉴，比如江小白、三只松鼠等。不过，大家采用这种 IP 孵化模式时，大多流于表面，并非像米其林一样将 IP 形象很好地融于产品或者服务当中。这样做的弊端在于，未来消费者感知不到更多的价值，从而丧失购买的动力。

第四种，设计师模式。这种模式的典型代表是凯蒂猫。它的特点是，由设计师或原画师创造而成，IP 从其诞生就是一个形象，可以直接应用于礼品及各种商品中。品牌公司如果对设计师的艺术天分有信心，那么采取这种模式孵化超级 IP 是较为合适的选择。

第五种，乐高模式。这种模式是指企业本身未必有一个特别强的 IP 形象，但其产品却不断地和各种 IP 结合，成为不同 IP 的舞台，从而让自己的产品具备了极强的文化属性。这种模式的典型代表有可口可乐、RIO

鸡尾酒、ZIPPO 打火机等。

第六种，故宫模式。这种模式要求产品必须具有丰富的文化内涵，具备足够强的文化共识和个性特征，可以拓展出各种不同的 IP 衍生产品。

第七种，吉祥物模式。这种模式的代表为熊本熊。它是日本熊本县的地方吉祥物。它代表文旅体育项目，出现在各种场合，执行各种任务。同时该县推出大量的衍生品，使熊本熊成为其文旅体育项目的重要收入来源。

以上就是关于"孵化超级 IP 的七种模式"的简单介绍。当然，不管你使用哪种孵化模式，都需要融入高共情力、强情感定位等情感部分，强符号感、文化象征、亚文化体系等文化元素部分，强跨界力、高凝聚力等运营部分，这样才能真正孵化出一笔无形的超级 IP 资产。

文化母体是孵化 IP 的沃土

在前面的章节中，我们了解到打造 IP 的目的其实就是以价值观聚合粉丝，并向外延展，实现圈层的发展、衍生或破圈。在此过程中，IP 要想与消费者构建更多的情感联结，就必须依托强大的文化母体。

那么，什么叫文化母体呢？文化母体是人类文明在漫长的发展过程中形成的各种文化共识，它可以是一个节日，也可以是一种习俗，还可以是一部经典的文化作品。总而言之，文化母体是由记忆、感受、生活方式和信仰共同组成的。

举例来说，按照我们中国人的传统习俗，端午节是一个特别值得纪念的日子，它是集拜神祭祖、祈福辟邪和饮食于一体的民俗大节。在这个节日里，大家一起吃粽子、赛龙舟、喝雄黄酒、纪念屈原。这些元素都可以称得上是文化母体。另外，一些文人的诗词，比如《将进酒》；画作，比如《簪花仕女图》《洛神赋图》；文化故事，比如"孟姜女哭长城""后羿射日"；文学作品，比如《聊斋志异》《西游记》等，它们也都属于文化母体。

而企业要想成功孵化IP，就需要以文化母体为依托，并从中汲取能量，这样可以更好地获得大众的认可和好感。比如，仙侠类IP代表《仙剑奇侠传》的成功，就离不开上古神话这个大文化母体的助力；而盗墓类IP代表《盗墓笔记》《鬼吹灯》，则跟考古、风水、祭祀文化等文化母体有紧密的关联。总而言之，有了文化母体的助力，IP就会获得共识的力量，从而受到大家的欢迎。

另外，在孵化IP时，如果只知道照搬经典文化母体，自己不做任何的创新和更改，这样会让IP看起来缺乏吸引力，并且会进一步导致能量不足。因此，设计者在创造IP时可以将多个文化母体融合。

比如，超级爆火的电影《西游·降魔篇》，就将多个文化母体相互融合。其中，主角玄奘和孙悟空是经典名著《西游记》里的两个人物，这本身就是两个很强大的文化母体。另外，影片里还插入很多丰富的传统文化元素，比如五指山、筋斗云、火眼金睛等，这些让老百姓耳熟能详的文化符号可以瞬间激发他们内心关注的欲望。而且，这部电影的场景和服装等细节，近乎真实地还原了大唐的繁荣和辉煌，让观众感受到历史的厚重。

当然，电影除了营造古代历史氛围，还通过一些角色形象，将现代元素融合进去。影片除了取经主线，爱情线和性别观念也是影片着重展现的部分。尤其是段小姐对于玄奘积极主动的追求更是展示了现代社会女性独立自主、大胆追爱的精神。

总而言之，文化母体根植在每个人的心中，这些携带了文化母体基因的 IP 更容易获得成功。我们在孵化 IP 时，可以将文化母体锁定在中国的传统文化里，也可以将它定位为人类的精神共性，这样可以被不同文化、不同背景的人接受。换句话说，IP 的影响力在很大程度上是由你所选取的文化母体决定的，文化母体的内容越宽泛，越强势，你越容易孵化出超级 IP。

第三章

打造品牌IP,助力品牌重塑未来

> 品牌力：品牌 IP 化之路

打造品牌 IP，构建自己的商业护城河

当今娱乐圈，明星负面新闻层出不穷，有的是偷税漏税，有的是私生活不检点，还有的是吸毒和诈骗……但代言明星的失德甚至违法，最受伤的莫过于品牌方，品牌的声誉和形象因此遭受重大损失，进而影响消费者的消费欲望和品牌认同度，有的公司还因此股价大跌。正因为明星代言有太多不可控的因素，所以很多品牌开始重视打造 IP，目的是用完全可控的方式帮助企业减少代言的风险和费用。

我们在打造品牌 IP 的时候，核心在于塑造一个吸引人的形象和故事，这样一来，就可以通过角色和故事向消费者传递品牌的价值，以及品牌独有的魅力，从而吸引并留住忠诚的消费群体。

一般来说，品牌 IP 有五大类型。

1. 人物形象 IP

人物形象 IP 即给品牌打造具体的人物角色。一般来说，人物形象 IP 分为以下几个类型：

（1）虚拟的形象。比如，蜜雪冰城的雪王。当年，它凭借一首"土萌"的主题曲短片成功出圈，获得了大量粉丝的关注。爆火了之后的雪

王的工作量增加了不少，在门店门口招揽顾客，参加新店开业活动，去柠檬基地"选柠檬"，与众多茶饮品牌进行梦幻联动，甚至去华为公司体验工作等，这些都是它的工作任务。它的频繁出现也让蜜雪冰城的知名度进一步提升。

再比如，加油站品牌冠德为了更好地消除加油站和车主之间的疏离感，他们打造了IP形象小骆。这个小骆就像人一样，不断地出现在移动端、讲堂上、加油站的便利店，以及文创周边产品，提供好玩的表情包，分享一些用车和加油方面的知识，向车主推荐一些实用好物……小骆就像人一样真诚细致地服务每一个车主，而用户也感受到冠德认真细致的服务精神。

（2）真实的人物。这里主要指那些创始人IP和品牌人物IP，比如李子柒、埃隆·马斯克、董明珠等。这些人格化的IP以"人"的方式频频出现在大众眼前，自带一种亲近感，可以和用户建立更多沟通。他们在和用户建立情感关联的同时，也减少了用户的识别成本，无形中将品牌价值输入用户脑海。

（3）品牌吉祥物。品牌吉祥物通常是用外表可爱的人物或者拟人化形象来唤起受众对品牌的注意和好感。比如，小米"米兔"，天猫的黑猫，LINE FRIENDS家族的布朗熊、可妮兔、馒头人、莎莉鸭、蛙里奥等。这些吉祥物是连接品牌和用户的情感纽带，就像世界著名经营大师沃尔勒所说的那样："如果说名称和标志是您的脸，让人记住您，那么吉祥物就是您的双手，让您握着别人，与人产生感情。"

（4）广告角色。这个很好理解，就是出现在品牌广告里的主角，这是一种很传统的人物形象IP。比如，肯德基爷爷、麦当劳叔叔、欧仕派健壮男人等。

2. 活动IP

顾名思义，只要有活动，品牌就会用IP营销。举个例子，旺旺集团打造了"511旺旺日"，他们用固定重复的专属节点把活动做成了品牌IP，在广大消费者心中形成了消费记忆。

一般来说，活动IP又分为品牌形象类、促销活动类、节日营销类、社群活动类等类型。

（1）品牌形象类。用一个活动IP树立品牌形象，向大众普及品牌理念。比如，淘宝造物节是淘宝电商平台继"双十一"购物狂欢节之后针对年轻人推出的另一个节日。2023年，淘宝造物节分别在杭州、深圳、重庆三地展开，主题分别为神奇、科技与潮流。这个节日让人们在线下感受极致化的体验，从而增强品牌的感染力，提升客户的黏性。再比如，纽崔莱健康跑通过赞助以及筹办一些大众体育活动，来树立健康的品牌形象。

（2）促销活动类。各大电商平台自创IP符号，比如"双十一""六一八""双十二"。这些IP具有天然的商业属性，它们可以帮助各大电商平台在赚取流量的同时，获得巨额的经济效益。当然，这是电商平台的玩法，其他品牌也有自己的促销活动。比如，中信银行信用卡将营销活动和数字"9"挂钩；比如9分权益、9分享兑、9元享看。另外，它还将"919"这个日子定为中信银行信用卡回馈广大消费者的"信运日"。总之,这种促销类的 IP 可以提升品牌的知名度,增加品牌的影响力。

(3)节日营销类。这类营销活动的不同之处在于,它具有集中性、反常性和规模性的特点。很多品牌在节日来临之际,都摩拳擦掌,试图利用好节日 IP,为品牌做宣传。比如,网易云音乐在微博推出了"云·年味"专题页面;蓝月亮每年中秋举行"超级月亮"盛典活动;在 2019 年国庆前,腾讯推出"微信头像加国旗"互动活动,并与各大媒体联名,打造了多个 H5(交互内容展示)。商家打算做这类 IP 营销活动时,要站在消费者的角度去思考问题,这样设计出来的营销方案才能受到大家的认可和欢迎,品牌传播效果才能达到理想的状态。另外,并不是每个节日都需要"蹭"一下,企业如果没有好的营销创意和方案,那么做什么都是徒劳无功。

(4)社群活动类。企业把活动办成用户的盛大节庆和用户联盟。比如,小米的"米粉节",这是小米公司为其产品的"粉丝"(即爱好者)设定的企业节日,时间定于每年的 4 月 6 日,这天也是小米公司成立的日子。在这个活动中,小米公司会开展一系列优惠活动,来回馈广大"粉丝",而且他们还利用和用户交流沟通的机会,宣传自己的企业文化,以此打造品牌更大的影响力。

3. 场景 IP

场景 IP 是指将某一品牌、形象、角色等与不同场合的结合,创造出具有独特个性和吸引力的形象,并将其应用于某种媒体渠道和商业领域中。

4. 文创 IP

文创 IP 是指将文化创意和知识产权结合，形成可商业化的产品或者形象，它们具有品牌价值和市场潜力。文创 IP 通过改编、延伸，或经典文化元素再创作，来打造独特的故事、角色或符号，以吸引目标受众，并创造经济效益。例如，2019 年 2 月，星巴克在国内发售了樱花主题系列产品，一款限量的粉色猫爪杯很好地迎合了时下流行的"吸猫"文化，所以成了爆款 IP。

5. 作品 IP

作品 IP 指的是文学或艺术作品的版权，包括专利、商标、著作权等。这些作品的表现形式可以是文字、音乐、绘画、摄影、电影等，当它们被创造出来后，创作者就拥有了该作品的版权，即作品的 IP。

IP 作为品牌与消费者之间情感、人格化的沟通"介质"，它可以为消费者带来最直观的品牌感受。下面我们从三个层面总结品牌 IP 的价值。

1. 提高品牌辨识度，打造差异化，从而为商业变现打好基础

与单纯枯燥的文字概念相比，IP 的形象更加直观，且容易记忆。比如，快餐品牌老乡鸡就凭借其憨厚可爱的形象定位，吸引了大众的眼球。而这种独特的形象定位也让它在同类品牌中脱颖而出，收获了大量的粉丝和流量，从而为以后的产品变现奠定了坚实的粉丝基础。

2. 打造品牌形象，提升品牌知名度

蜜雪冰城凭借一首洗脑神曲"你爱我我爱你"火遍大江南北，而手

拿着蛋筒，在绿幕前大喊"有圣代，有奶昔，蜜雪冰城价格低。冰淇淋，卖得快，不如来个大圣代"的雪王更是把人的心都萌化了。借助着憨态可掬的雪王形象，蜜雪冰城狠狠刷了一波好感度和存在感，品牌的形象和知名度也因此有了进一步的提升。

3. 强化消费者对品牌的忠诚度

企业要打造品牌IP，需要融入品牌的文化和价值，这就意味着消费者在与IP形象互动时能感知到它寄托的情感，而这些观念和情感一旦被大众认可，那么消费者就很容易发自内心地接纳品牌，继而与品牌建立起依靠传统宣传方式无法触及的深厚情感，最后用户对品牌的忠诚度会进一步加强。

打造品牌IP除了以上几点优势，还能衍生品牌周边产品，为品牌开辟出一条新的盈利渠道。如今是一个消费升级的时代，人们对产品的要求不再仅仅局限于产品本身，更重要的是由产品带来的感知与体验，所以打造品牌IP成为每个企业必须完成的任务。

打造品牌IP的四个核心步骤

近年来，一款名为"江小白"的白酒在众多酒企激烈厮杀中杀出重围，夺取了白酒市场很大一部分份额。那么，这款异军突起的"小将"

身上究竟有什么样的威力呢？是它的白酒质量相比其他酒更胜一筹吗？还是它的酒价格实惠？其实，它获胜的原因不在这款"酒"本身，而是它更善于打造品牌IP。"江小白"一反传统酒业高端严肃的形象，将白酒赋予更多青春活泼、简单纯粹、特立独行的形象。这个IP背后承载的"青春故事"和"特有情怀"深深打动了年轻消费者的心，所以它才能一举成名，在竞争激烈的市场环境中分得一杯羹。

江小白的故事告诉我们：打造品牌IP，对于企业的战略发展和布局具有重要的意义。企业要把握好这笔无形的资产，力求通过独立的IP项目将无形资产变成有形资产。具体来说，企业应该如何打造品牌IP呢？以下是四个核心步骤：

1. 用户导向，精神赋能

企业在做品牌IP的时候，第一个需要考虑的问题就是用户，用户的需求和欲望是企业宣传营销的重点，否则消费者会认为，你的内容和我有什么关系，从而也会失去关注的欲望。当然，一个有价值的IP，除了以用户为导向，还要创造属于自己的独特文化内涵。比如，江小白在《致我们情绪的青春》中这样写道："我们捕捉每一个青春个体的丰富情绪，并向你提供一种带有酒精度的神奇饮料，它能放大我们的情绪。它能让我们更幸福、更快乐、更激情、更兄弟、更姐妹，也可能让我们更孤独、更悲伤、更恐惧、更沮丧。我们喜欢的情绪，就让它淋漓尽致，我们回避不了的情绪，就让它来得更猛烈！"

这篇文案，首先站在用户的角度，洞察用户的情绪；其次，它告诉用户不要回避自己的情绪，"与其让情绪煎熬压抑，不如任其释放"。这是属于江小白独有的精神内涵，也为大众提供了情绪价值，它将消费者的各种情绪化作坦诚而又温暖的内容，引发了消费者强烈的共鸣。这种将品牌文化融入 IP 里，然后嫁接到产品的做法是目前常见的打造品牌 IP 的方法。通过这种方法，产品就能完成内容化的改造，打造出来的 IP 形象也很受欢迎。

2. 给 IP 一个完整的包装和一个表达形式

企业在塑造 IP 时，首先要明确一点，IP 是一个完整的产品，有自己独特的名称、标志性特征、口号等。比如，抖音账号"美少女小惠"就是一个独立的 IP，但其账号里其中任何一期内容都不能算是 IP，而是 IP 的一个小小的组成部分。这个账号有自己独有的名称，也有独特的风格，还有自己的标语口号："啊，我这该死的，无处安放的魅力啊！"所有这些都是为了加强用户对品牌的印象而特意设置的记忆点。

其次，IP 要有一个核心的内容载体或表达形式。不过，为了 IP 形象能够引人入胜，我们在选择这个表达形式的时候不可过于抽象，否则受众难以感知，更不会积极主动参与进来。

3. 重复节点，持续经营

在当今这个信息碎片化的时代，互联网的信息更新实在是太快了，人们很难对某个事物产生深刻的印象。所以，品牌 IP 要想长久地停留在人们的记忆中，需要选择一个特定的节点，进行重复持久地营销。例如，"六一八""双十一""双十二"是商家营造出来的购物狂欢节，品牌 IP

需要借助这几个特殊的时间节点，持续营销，这样才能让消费者形成持久的记忆，积累足够的认知，从而形成固定的消费模式。

比如，老乡鸡每月1号都要上一道新菜，而且新菜还有打折活动。这样做不仅降低了新品宣传推广的成本，而且还提升了消费者来店里消费的欲望，同时也让用户牢牢记住这个品牌。

4. IP要持续优化和迭代

在打造品牌IP的时候，要想持久地黏住消费者，除了要有固定仪式，不断重复，还要学会不断创新，每年制造不同的玩法，不同的活动形式。品牌IP只有不断汇入新鲜血液，才能让用户一直保持兴趣，让品牌的热度只增不减。

比如，"逃离北上广"以前只是一个社会性的话题。后来，新世相围绕这个话题写了一篇文章，在公众号上溅起了特别大的水花，受到了人们的广泛关注。于是，新世相趁机举办了一个"逃离北上广"的快闪活动，并为北上广的白领们提供了飞往西藏、内蒙古、海南等地的机票，给了大家一次说走就走的旅行机会。后来，新世相围绕着"逃离北上广"这个主题又制作了一出网剧，发布在短视频平台上，获得了不错的收视效果，而新世相也凭借着"逃离北上广"这个IP的不断创新演绎，获得了更多变现的机会。

以上就是打造品牌IP的四个核心步骤。每一个步骤都非常重要，大家在使用这些步骤打造IP的时候，要找准自己的特点和优势，再选择适合自己的领域进行深耕和发展，这样才能打造出有价值且有吸引力的内容。

爆款 IP 必备的四个基本条件

说起爆款 IP，很多人第一个想到的便是仙侠剧《花千骨》。当年一经播出，就创下多个历史纪录，据相关的数据显示，它所衍生的电视剧、游戏等版权产值就高达 20 亿元以上。这样好的战绩是每个公司在打造品牌 IP 时都会心驰神往的，但任何人、任何方法都不能百分之百地确保你一定就能打造出一个爆款产品，因为任何一个文化作品，本身就存在不确定性。

尽管爆款 IP 不可预测、不可多得，但我们还是能在工作中总结出一些"引爆" IP 的规律，了解一些爆款 IP 产生的必要条件。下面，我们为大家解析打造爆款 IP 必备的四个基本条件。

1. 时机

人们常说，机会的列车通常都是瞬间呼啸而过，能把握时间的人，才能赢得那张宝贵的乘车证。这句话告诉我们，把握好时机是成事的关键。同样的道理，打造爆款 IP 也要讲究时机。比如，星际探险类 IP《星球大战》在阿波罗登月计划之后大获成功，而且，每年电影周边产品的销量达到了上亿美元。它的成功和阿波罗登月计划之间有很大的关联，人类这次史无前例的探索行为点燃了人们的太空梦，也为《星球大战》的火爆做好了铺垫。

当然，我们这里说的打造爆款的时机，既包括重大事件发生后的时机，也包括因为社会文化转变带来的时机，还包括媒体形式变革后带来的时机。随着社会文化的转变，人们的思想观念、意识形态、价值观念、情感因素等，都发生了不同程度的变化，这个时候也是创造爆款IP的好契机。另外，随着媒体技术快速的更新迭代，也为新IP的快速产生和爆发创造了良好的条件，有潜质的IP乘着媒体技术带来的东风很快就能闻名全球。

2. 创新

创新，一直是打造品牌IP绕不开的一个话题。一个循规蹈矩、毫无新意的IP很难激发消费者的关注欲，而品牌IP只有融入创新性的元素，才有可能让人眼前一亮，从而获得更多的流量。那么，企业要想打造一个有创意的爆款IP，应该从哪些方面努力呢？

首先，我们可以寻求技术手段的创新。就像电影《阿凡达》那样，以"IMAX+3D"的形式为大家呈现了一个栩栩如生的外星世界，观众犹如身处其中，获得了强烈的视觉感受，所以电影好评如潮，成了当年的超级爆款IP。

再比如，河南卫视的奇妙夜系列塑造了"唐宫小姐姐""水下洛神""龙门金刚"等IP形象，这些形象本身就因为承载着浓厚的历史文化，深受大家的喜爱。另外，节目组还创意十足，加入了"声光电"的元素，给热爱新国潮的年轻人呈现出美轮美奂的视觉盛宴，所以，它们获得了口碑与流量的双重收获。

其次，我们还可以寻求内容方面的创新。比如，电影《哪吒之魔童降世》虽然取材于小说《封神演义》，但它对这个故事进行了挖掘和再创造，最后呈现出来的故事内容、主角性格，以及符号设计都有了大胆的创新。当然，也正是因为有了别具匠心的艺术创新，《哪吒之魔童降世》才成了一部"现象级"的动画电影作品。

3. 心性

这里的"心"指心灵，它是一个IP的情感内核；"性"指欲念，它是直逼潜意识的情感。一个IP，如果只是抓住时机，融合了创新的元素，但缺乏"心性"，那么它也许有爆红的潜质，但是不一定能成为超级IP。这是因为它无法击中人们内心的情感，或者无法拨动时代的情绪，更加无法引起消费者的共鸣，所以这样的IP注定走不长远。

4. 积累

这里的积累，既可以指大众一直以来被压抑，长期无法宣泄的情绪的积累，也可以指创作者在成长过程中积蓄的某种强烈的情感意识。

电视剧《延禧攻略》之所以大火，与剧中女主角敢爱敢恨的人设有莫大的关系。我们知道，以往电视剧里的女主角大多是"白莲花"形象，结局强行大团圆，剧情极度圣母心，让观众看得怒火中烧，十分抓狂。但《延禧攻略》中的女主角魏璎珞不一样，她嫉恶如仇，爱憎分明，行事作风干净利落，绝不拖泥带水。这样的人设简直是电视剧中的一股清流。所以，这样的大爽剧一经播出，很快就成了爆款 IP。

以上就是爆款 IP 必须具备的四个基本条件。不过，打造爆款 IP 并没有一个固定的公式，因为企业的类型、产品的属性、品牌的经济实力不一样，所以，打造爆款 IP 的方式也不尽相同。大家在实际的操作过程中要灵活应对，不可死记硬背，照搬全科。

盘点各类 IP 赋能品牌的经典案例

在前面的内容中，我们已经充分了解到 IP 对品牌的重要影响。为了让大家更加具体、直观地感受 IP 的威力，下面我们用案例解析的方法，为大家盘点一下各类 IP 对品牌所起的作用。

1. 企业家个人 IP 形象

谈到企业家个人 IP 形象，最具代表性之一的便是董明珠。董明珠是格力电器公司的一张活名片，在某种意义上，董明珠和格力几乎画上了等号。那么，她究竟有什么样的魅力，能够代表整个格力集团？首先，董明珠是一个不折不扣的超级 IP，在她身上有极具个性化的标签：硬派、狠性、拼劲。但强硬的个人风格并没有成为她的污点，反而被刻画为"公正无私"，且具有"工匠精神"的外化表现。

董明珠凭借一段女性职场逆袭励志传奇的故事，以及极具个性化的标签，成功将她塑造成格力的 IP 形象代言人。从董明珠的身上，我们可以看到坚忍不拔的精神，奋不顾身的奉献精神，感人至深的民族情怀，这些都与格力的品牌文化理念深度契合。

品牌 IP 有一个很重要的特征，便是人格化，挖掘品牌的人性，赋予 IP 鲜明的性格特征，这样不仅能够丰富品牌形象，让其更加立体生动，还能拉近品牌和消费者之间的距离，促进消费行为。而董明珠的人设，都是为其品牌进行人格化背书，从而将品牌的传播价值最大化。

另外，董明珠成了格力的超级 IP 之后，还和小米董事长雷军签订了 10 亿元的赌约，后来还出现了"99 张自拍"事件，这些都让格力品牌实现了传播的目的。

2. 动物化 IP 形象

很多品牌都将卡通动物当作自己的 IP 形象，这是因为这些动物可爱，给人一种亲切感，深受消费者的喜欢。另外，动物还可以附加一些企业的精神，让它升华为一个有灵魂的形象，从而帮助品牌与用户建立沟通的桥梁。

比如，京东商城的 IP 形象是一只名为"Joy"的小狗，它的名字蕴含了"喜悦""快乐""成功""好运"之意，和京东的品牌形象契合。另外，这个狗狗的造型很有辨识度，它被放大的三角头、白色的笑脸，让人过目不忘。此外，狗狗这种动物忠诚、正直，而且奔跑速度极快，这预示着京东在物流上送达的速度非常快，是一个非常专业且值得信赖的品牌。

当然，除了京东，天猫、苏宁、阿里系产品都打造了一个快乐的"动物园"。它们人格化的形象更容易被人记住，也具备亲近感，同时承载了品牌的精神内涵，让品牌变得更加有温度和深度。

3.虚拟人物形象

很多公司倾向将品牌 IP 形象设计成一个虚拟的动漫人物。这类虚拟形象与真实的人相比更稳定。因为它既不会疲倦衰老，也不用担心品牌会为代言人承担道德问题的风险，可以在粉丝心中保留最初的印象。

比如，美国庄臣公司旗下的品牌威猛先生，主营家庭清洁用品，它的 IP 形象是一个戴着眼镜的猛男，他有很宽阔的肩膀，强壮的身体，可以扮演一个非常好的保护者的角色。有强壮高大的威猛先生做帮手，做家务活也变得轻松。这样一个高大威猛的 IP 形象自带治愈、护卫、陪伴的属性，给人一种安全感。而目标用户对 IP 形象的感情羁绊也会慢慢演变成对品牌的信任和忠诚。

4.企业产品 IP 形象

顾名思义，它是指品牌将产品作为自己的 IP 形象。比如，M&M 家族的 M 豆。再比如，米其林轮胎的"轮胎人"必比登，它的由来还有一个有趣的故事。1894 年，米其林兄弟在里昂万国博览会上，看到展台上有一堆轮胎，爱德华对安德鲁说："看，加上臂膀，它就像一个人。"后来，米其林轮胎的形象就在一个画家的笔下成型了。一堆轮胎组成的人举着装满钉子和碎玻璃的杯子，上面还写着这样一句话"Nunc est bibendum"（意为：现在是举杯的时候了）。这是古罗马诗人贺拉思的一句颂歌，寓意米其林轮胎可以克服路上所有的障碍。这个 IP 形象暗含着战胜一切困难的品牌精神。此后，米其林轮胎的 IP 形象又有了进一步的创新和完善，但是大家始终记住了这个体态丰盈、可爱活泼的"轮胎人"形象，而米其林也因为这个形象的渲染而名声大振。

5. 文化符号 IP 形象

文化符号 IP 形象是指那些具有文化内涵和象征意义的 IP 形象。这些形象能代表品牌的文化内涵和思想价值。它们可以来自不同的领域，比如文学、艺术、影视、游戏、玩具等，既可以是虚拟的，也可以是现实的。比如，孙悟空、哆啦 A 梦都是文化符号 IP 形象的典型代表。

动画电影《西游记之大圣归来》就是采用了中国经典的 IP 形象孙悟空，作为中国著名神话人物，孙悟空这个形象陪伴了几代人的青春，所以这样的 IP 形象一出现，就俘获了用户的心，大家都愿意为自己的童年偶像买单。

以上就是各类 IP 形象的案例解析。相信大家读完之后，对于 IP 赋能品牌这个话题会有进一步的了解，也能意识到 IP 的强大威力，并重视它，利用它，让它为品牌经济效益增长贡献一份力量。

第四章

做好品牌定位，走好品牌IP化的第一步

什么是品牌 IP 化

十几年以前,人们喜欢设计一些有创意的图形来树立品牌形象,比如,企业商标、辅助图标等。后来,随着信息技术的迅猛发展,品牌与消费者之间的互动也越来越频繁,这个时候品牌方发现,比起冷冰冰的标签和商标,一个可爱、呆萌、有趣的小动物形象更容易迎合消费群体的需求和爱好,于是,很多企业按照打造 IP 的思维和方法来建设品牌的第二形象,将品牌动漫化、人物化,由此产生人格化的商标或者吉祥物,并通过变现的方式来创造品牌在市场上的价值和效应。这个操作便是品牌的 IP 化。

举个例子,在母婴用品行业,宝妈们如今对母婴用品的要求越来越高了。在这种市场背景下,一款专为宝妈们打造的线上购物平台——妈咪全知道,提出了"品质新生活"的品牌理念,它正好迎合了宝妈们对品质生活的追求,而"妈咪全知道"也因为与消费者的理念契合而受到大家的欢迎。作为近两年崛起的国内母婴新零售品牌,"妈咪全知道"几乎成了宝妈们心中品质与精致的代名词。

不过,它之所以受消费者喜欢,不仅是因为它提出了抽象化的品牌理念，还因为它塑造了人格化的 IP 形象 Miss Wow，并将妈咪品牌价值附着在这个 IP 之上。"妈咪全知道"通过 IP 人格化、情感化的互动方式，让人们认识到品质化的母婴生活服务生态，也认识到其产品和服务的品质，所以大家对该品牌产生了深厚的好感。

说得更具体一点，该品牌的 IP 形象 Miss Wow 既是大家的家庭好陪伴，也是宝宝们的开心果；既是严格的品质检查官，还是宝妈们学习的榜样。从外表来看，它是一个胖乎乎、萌萌的营养学博士形象，对待不好的产品，它会说："啧，这个不行，下一个。"对待小朋友，它又非常有耐心，会讲故事，也会搞笑，哄得小朋友非常开心，它的口头禅是："宝贝们，朝 Wow 看……"对待宝妈们，它又化身知识渊博的知心姐姐，有问题它都会很耐心地解答，用它的口头禅来说，就是："世界如此美好，我要热爱学习，这样挺好挺好。"因为怀揣着保护宝宝和宝妈的责任心，所以"妈咪全知道"的 IP 形象深受大家的欢迎，它也因此收获了大批用户。

如今，很多品牌也像"妈咪全知道"一样，通过 IP 化获得了不错的成果。比如，哔哩哔哩的 2233 娘，QQ 的 family 等。他们都凭借着独特的形象俘获了一大批用户，为品牌增色不少。但也有很多品牌在 IP 化的道路上浅尝辄止，半途而废。而导致他们失败的原因中有很大一部分是对品牌 IP 化没有一个正确的认知。下面，我们详细阐述几个常见的品牌 IP 化认知误区。

1. 品牌 IP 化不等于品牌 IP

品牌 IP，是以实现商业价值为目的而设计的产品、服务、广告的总和。它是口碑营销的一种新模式，也是口碑进化的一种高级阶段。成功的品牌 IP 可以为自己塑造出一个个性鲜明且人格化的形象，并通过内容与用户进行有价值的互动，最终收获越来越多的粉丝。

而品牌 IP 化则是以品牌为趋势，它的前提和基础是品牌，企业的 IP 是要建立在品牌自身的基因之上的。当然，也正因为它是根据品牌和产品用户来升级演绎的，所以它可以更持久、更优质地升级品牌资产。

2. 品牌 IP 化不等于品牌授权

曾经很多品牌想通过超级 IP 的授权，或者联名的方式为自己的品牌提升知名度，但效果却不尽如人意。大多数实力不强的品牌，在花掉高额的授权费和宣传费之后虽然短期内提升了产品销量，增加了一些存在感，但 IP 风口一过，品牌知名度和美誉度并没有得到永久提升，流量也无法真正转换到自己身上。

3. 品牌 IP 化不能等同于品牌植入

近年来，很多真人综艺节目爆火，也有一些大热的 IP 影视剧俘获了数量庞大的粉丝的心。为此，有品牌就想通过花钱冠名或者品牌植入的方式提升自家品牌的话题度，实现销售转化。这样做的结果，虽然能为企业带来一定的名和利，但并不能说品牌已经完成 IP 化。更重要的是，品牌方如果后续不能主动地根据节目和影视剧的剧情制造话题，那么就无法真正让这些节目或影视剧拥有的庞大流量为品牌所用。

了解完品牌 IP 化的一些认知误区之后，我们再看看企业在品牌 IP 化的过程中需要注意哪些问题。

（1）着重考虑品牌现有的用户和潜在的用户。因为这些人才是品牌 IP 化的原始群体，所以内容创造要围绕着他们展开。

（2）在品牌 IP 的道路上要降低物性，多从情绪、情感方面出发。这样做的好处是，一来可以让目标消费群体感知到品牌人格化的魅力；二来可以让消费者产生更多的精神共鸣和心灵依附。

当企业利用 IP 思维和方法开展品牌建设，就会发现它能带来的好处非常多。

首先，品牌在 IP 化之后，会生产出很多优质的内容，这些内容具有持续的传播势能，用户会被吸引，会去传播、分享和扩散，这样就可以成功降低品牌的传播成本，有效提升传播的效率。

其次，IP 形象作为具象化的产物，能够帮助品牌在用户心中建立深刻的品牌形象。再次，当 IP 形象具有足够的个性魅力时，会最大限度地凸显品牌之间的差异，提高品牌的辨识度，给客户留下独特的印象，从而使得品牌在竞争中处于优势地位。

最后，品牌的 IP 化有利于提升品牌的亲和力，可以构建品牌和用户之间的强关系。

总而言之，品牌 IP 化依托品牌的基因，挖掘品牌的情绪和情感，再通过持续饱和的内容生产和分发吸引用户参与，而用户在参与的过程中与之产生共鸣，最终使得品牌自带话题，自带流量。

品牌定位是品牌 IP 化的基础和核心

在品牌 IP 化之前,给品牌选择什么样的定位是重中之重。如果在营销之前缺少这一环,那么企业很难在竞争激烈的市场中找准自己的位置,也很难树立独特的品牌形象,更加无法有效提升品牌的价值和影响力。

反之,如果品牌有一个清晰的定位,那么就意味着它有了明确的战略和发展方向,在后续的宣传策划中有了行动的指南。而且,一个成功的定位还可以帮助品牌建立差异化优势。此外,品牌成功定位后,就会有区别于同类品牌的独特的形象,这样可以成功吸引目标消费者,提升品牌的认知度和美誉度,更可以帮助品牌扩展市场份额,提高产品销量。

了解了品牌定位的重要性之后,我们接下来了解一下品牌定位的方法。一般来说,在品牌 IP 化之前,品牌定位包括以下几个方面。

1. 情感定位

这里说的情感,是品牌 IP 能否使用户产生情绪共鸣的关键因素。一般来说,情感也分为很多的层次,按照弗洛伊德的心理分析划分法,情感从浅入深依次分为受外在影响的情绪、内在自我的情感、潜意识深处的情结以及最深处的集体无意识。因为情感有浅有深,所以 IP 的情感定位也可以分层。一般来说,情感越深,能量越大。尤其是那些已深入人心的超级 IP,它们不需要话题和太多的热点,却依然可以在消费者的内心掀起巨浪。

2. 角色定位

IP 角色如何定位,在前面的章节中我们也提及了。一般来说,IP 的角色定位是由品牌的特点、风格,以及所属的行业和区域来决定。另外,在给角色定位时,还要考虑角色的人设是否能够为目标用户所接受。如果消费者对你所构建的人设接受度比较高,那么品牌 IP 成功的概率就很大。此外,角色的人设要有差异化,这样消费者才会在众多同质化的产品中一眼看中你;反之,如果角色的辨识度不高,那么很容易被淹没在竞争激烈的市场中,从而起不到该有的宣传效果。最后,我们在角色设定上不可过于花哨,否则消费者捕捉不到记忆点,自然也很难记住你。

2005 年,雪花啤酒开展了全国性的年度推广活动。在这个活动进行之前,它的掌门人侯孝海在给自己的品牌角色定位时犯了难。那个时候的啤酒市场竞争非常激烈,而且大部分的啤酒宣传主题都是围绕"爽、纯、鲜、麦、淡"这几个卖点展开的。侯孝海为了让自己的品牌与众不同,冥思苦想了很久。后来,他终于为这个活动 IP 找到了一个角色定位:雪花勇闯天涯。顾名思义,雪花啤酒要扮演的是一个勇敢挑战、积极进取的形象。

而这个独一无二的角色定位也获得了年轻消费者的共鸣。后来,雪花啤酒不仅成功打响了名声,还成了当时全国单品种销量最大的啤酒。

3. 故事定位

柏拉图说，谁会讲故事，谁就拥有整个世界。一个好的故事是传播工具，是说服顾客的有力武器，也是让品牌与顾客产生情感连接和价值认同的关键要素。那么，我们应该怎么给故事定位呢？

首先，强大的IP，一般会将自己的故事和人性挂钩。比如，爆款IP《哈利·波特》讲述了人性发展的问题；经典IP影视剧《甄嬛传》，刻画了人性中的种种弱点和缺陷，以及种种美好和善良。故事通过各个妃嫔之间的明争暗斗，展现人性中自私贪婪的阴暗面，同时也凸显了人性中的智慧和勇敢的一面。

其次，故事还可以涉及国家、民族，以及文化等内容。这些因素既能引起人们强烈的情感波动，也能为IP赋予强大的能量。

最后，IP故事还可以围绕创业者展开。比如，母婴领域的超级IP年糕妈妈，在创业之初就说过："这是一个全职妈妈的故事，也是在绝望中找到光明的故事。"年糕妈妈从小到大都是学霸，在获得浙江大学医学硕士学位后，她却选择做一名全职妈妈。年糕妈妈痛苦过、焦虑过、彷徨过。她认为自己忙忙碌碌，却不能实现自我价值。

此后，她开始尝试在公众号写作，记录养育孩子的点点滴滴。为了迎接生命里的光，她拼命看书、查资料、写文章。好在皇天不负有心人，她的影响力越来越大，她的公众号成为一个母婴大号，成为全国母婴自媒体领域的标杆。

这个宝妈逆袭的IP故事深深打动了无数曾在生活中痛苦挣扎的全职

妈妈，她们也从故事里汲取到积极的能量。

4. 符号定位

在品牌 IP 定位过程中，符号的定位也是很重要的一部分。符号定位要遵循两个原则，一个是独特的辨识度，另外一个是简洁的延展性。这些特征可以帮助品牌打破内容壁垒，降低人们认知的难度，有利于品牌的传播和记忆。

举个简单的例子。《小猪佩奇》中的佩奇形象设计得就很简约大气，整体形象线条流畅，没有复杂的要素，而且粉红色吹风机一般的脑袋让它的识别性很强。

以上就是品牌 IP 化之前需要定位的几个关键要点。另外，为了定位的准确性，我们在进行定位以前要做好市场调查、竞争对手分析、目标客户分析，以及品牌定位分析等工作。

最后，还应注意，品牌定位并不是绝对不能改变。在特定情况下，它应该随着市场环境的变化做合理的调整。

比如，茶饮品牌"奈雪的茶"，刚开始日系风格很明显，它的名字"奈雪の茶"里甚至包含了日语词汇，而且，它的店铺装修风格也是日系风十足。这样的定位被很多人误以为它是外国的品牌，其实它是不折不扣的中国品牌。随着时代的变化，国潮已经成为当今消费市场的一种主流，比如"马面裙""汉服"、国风化妆品等成了大家追捧的对象。这时候，奈雪的茶要是不完成品牌的升级改造，"去日系""国潮化"，那么其商业地位就岌岌可危了。

公司的领导层也认识到了这一点，所以重新给品牌定位，更换了品牌商标，字母招牌由日文"NAYUKI"改为拼音"NAIXUE"。此外，公司还积极参与品牌联名，策划一系列国潮营销活动，比如，在门店打造"奈雪全国首家戏院"的沉浸式空间，奈雪"CUP 美术馆"，将非遗彩绘剪纸作品呈现在饮品杯上等。奈雪的茶通过这些举措，给自己找新的定位，以摘掉"伪日系"的帽子，并借着国潮东风打情怀牌，重新树立品牌形象。

打造差异化形象，强势品牌烙印

众所周知，一个好的 IP 形象就相当于一个流量入口，可以为品牌带来源源不断的势能。那么，我们在塑造 IP 时，应该赋予它什么样的形象呢？是一只小动物，还是一个真实的人，或者是一个怪兽，这个 IP 形象应该有什么样的性格特征？这些都是 IP 形象定位时该考虑的问题。不过，设计者们不管赋予 IP 什么样的角色，什么样的个性特征，前提是都应该保证自己塑造出来的 IP 形象具有一定的差异性，不能和其他同类的竞品"撞衫"，否则消费者很难记忆和识别。

下面，我们盘点一下几种常见的差异化 IP 形象，希望给大家带来一点灵感。

1. 有明确属性的动物

很多企业往往把 IP 形象设计成动物。比如，美团外卖的袋鼠，它的寓意是美团外卖就像袋鼠一样"袋子大，囊括物品多、跑得快"，这与美团外卖品类丰富，送餐速度快的定位是一致的。

再如，携程旅行的重要品牌形象之一 YoYo，它是一只可爱饱满的海豚，预示着携程旅行如海豚一般亲切友好，而且乐于沟通，是消费者可以信赖的朋友。另外，向上腾跃，充满活力的海豚也象征着携程旅行积极进取、引领潮流的精神。

这些小动物模样可爱，既能让人感到亲切，同时，动物本身具有的属性还可以直观地表达品牌的精神内涵，正可谓一举两得。

2. 人

除了有明确属性的动物，我们也可以将真实的人作为 IP 形象。比如，格力集团的董明珠，小米的雷军等。

在打造个人 IP 时，我们可以将他们带到聚光灯下，让他们参加行业活动和交流会，让他们在会上发表演讲，然后，围绕他们对行业的观点、评论等展开营销，这样就可以塑造全面立体的个人 IP 形象。一个好的人物 IP 形象出现在公众视野里，就是企业的一张名片，是某个品牌的代言人。通过这个 IP 形象，品牌可以与消费者建立情感连接，并传递品牌的理念、文化。

3. 机器人

我们还可以将 IP 形象设置成机器人。这样的设定可以赋予品牌科技的特性，通过 IP 形象，用户可以获得科幻能量和未来感。举个例子，安卓的 IP 形象就是一个绿色机器人，这个机器人拥有锡罐形躯干，头上插着两根天线，样子简单可爱，而且辨识度很强。

4. 外星生物

外星生物也是一个非常有趣的设定。用外星生物做 IP 形象，本身就充满了创意，而且留给人们的想象空间是无穷的。

比如，潮牌 IP 魔鬼猫的设定就是一个来自编号为 ZC66 星球的外星人。它的核心定位人群是从叛逆期开始的 19~29 岁的时尚一族，所以为了迎合这类目标人群的审美和喜好，魔鬼猫设立的口号便是"吞噬负能量"。这个 IP 形象设定得既独特又有趣，它给青少年带来了乐观、积极、阳光的感觉，因此很受目标人群的喜欢。

5. 精灵

所谓的精灵，就是一群潜意识化的圣灵。精灵型 IP 代表着一种很宝贵的童心。所以，和儿童有关的食物，或者电影里很多都使用了精灵形象。比如，孩子们喜欢的零食品牌 M&M's 巧克力，其 IP 形象就是由六个颜色不同，性格各异的精灵组成的。再如，少儿励志电影《千与千寻》中的煤精、电影《神偷奶爸》系列中的角色小黄人、《幽灵公主》里的树精，这些都是精灵型 IP 的典型代表。

6. 魔兽

与瘦小、可爱的精灵不同，一般魔兽怪物型 IP 的形象大多是巨大的、可怕的。比如，《奥特曼》里的怪兽，哥莫拉拥有新月形的角和长长的尾巴，还有强壮的四肢，能够在地底快速移动；艾雷王身体后的尾巴就有 57 米长，它还有米黄色的身体和黑色斑纹，它还能从口中释放光弹等。这些怪兽形象大多是样子丑陋，战斗力十足，生命力超强。

7. 宠物

一提到宠物，它们基本都具备了可爱、有趣的特性。拿宠物作为 IP 形象，可以治愈受众的心灵。

比如，瑞派宠物医院以温柔治愈的金毛犬和俏皮阳光的猫咪为原型设计出认真严谨的宠物医生"瑞瑞"和俏皮亲和的护士"派派"。这些宠物形象辨识度很高，而且代表着瑞派医护人员，可以给养宠人士留下非常好的印象。

需要注意的是，宠物 IP 形象一般都是可爱的存在，所以不适合强行赋予它宏大的价值观，否则会给人一种很别扭的感觉。

以上就是七种常见的 IP 形象设计类型，我们在给 IP 形象定位时可以做一个参考。此外，当我们确定了品牌 IP 的原型之后，需要赋予它独特的人格和魅力，这样才方便 IP 角色与消费者进行良好的互动，从而建立起信任关系，最后顺利成就品牌形象，内化为品牌的资产。

最后，我们还要提醒大家，在给品牌的 IP 形象定位时，还要考虑它的性别。通常来说，品牌的产品类型不一样，IP 人格化的形象也不尽相同。如果你的品牌针对的是年轻的女性用户，那么你的品牌形象可以是一个美丽、性感、温情、细腻的形象，如果你的品牌售卖的是一些汽车、户外用品、数码类等产品，那么你的 IP 可以塑造成一个睿智且有力量感的形象。当然,如果你的品牌服务对象有男有女,那么就可以塑造一个"中性"的人格化形象。不过,不管你最后采用什么样的 IP 形象,一定要保证它和品牌的调性相一致。

找准与用户的情感共振点

在品牌 IP 化之前,我们除了要给 IP 的形象定位,还要给 IP 的情感定位。而情感定位,主要是指品牌 IP 找到能引起用户共鸣的情感共振点。而用户的心底之所以能泛起波澜,引起共鸣,主要是源于他内心的情感。

一般来说,用户的情感分为情绪、情感和情结三个层面。下面,我们分别从这三个方面出发,帮助大家找到用户的情感共振点。

1. 情绪

情绪,是一个心理学科的术语,它是对一系列主观认知经验的统称,是人对客观事物的态度体验,以及相应的行为反应。情绪在生理反应上的评价和体验,包括喜、怒、哀、乐等几种。

相对于深层次的情感和情结来说,它是用户在接触品牌 IP 时最容易感受到的部分。所以设计者只需要增加阈值就可以拨动用户内心敏感的神经,引起他们的情绪共振。

不过,情绪通常来去匆匆,如果仅仅将它作为用户的情感共振点,那远远不够，因为它无法支撑 IP 长远地走下去。

2. 情感

情感，是态度在生理上一种较复杂而又稳定的生理评价和体验。情感包括道德感和价值感两个方面，具体表现为爱情、幸福、仇恨、厌恶、美感等。

它是一种比情绪更深层，比情结更浅的体验，很多的 IP 都是用它来做情感定位的，而且设定得非常成功，它打动了大批的消费者。

3. 情结

情结，是一个心理学科术语，指的是一种藏在一个人心理状态中，强烈而无意识的冲动。它是一种最深层次的情感共鸣点，是观念、情感和意象的综合体。因为它抽象，所以不好具体表述，但是它能很容易让人感知到。下面，我们盘点一下常见的十六种情结，以便大家熟悉后为自己的 IP 做情感定位。

（1）"色"的情结

《孟子·告子》一书中说："食色，性也"。"色"指的是漂亮、美好事物，一个东西一旦跟"色"沾上关系，那么这个东西就妥妥地变成了引流神器。比如，美丽的明星走红毯衣着华丽，非常吸睛，这当中利用的便是人们喜爱美好事物的情结。

很多 IP 在做情感定位的时候也喜欢利用人们的这一本性，比如，蜡笔小新。在大家的心目中，他是一个喜欢漂亮姐姐，爱捣乱的"熊孩子"。他看到漂亮姐姐就上去搭讪，还说许多好听的话哄姐姐们开心。

（2）懒的情结

人的骨子里都是懒惰的，不劳而获、坐享其成是人的潜意识情结。所以，在IP的作品中，我们会发现很多具有惰性的角色。比如，小说《西游记》中的猪八戒，他好吃贪睡，遇到事情，不积极主动，哪怕是孙悟空指定让他干点活儿，他也是一边抱怨，一边不情不愿地执行。不过，猪八戒虽然有些"懒"，但是人们依旧喜欢这个看上去憨憨的，而且有点呆萌的二师兄。

（3）阴影情结

阴影情结是指人内心深处隐藏的，不易被察觉的情感和欲望，而且，这些情感和欲望都是负面的，是与普世的价值观相悖的。在IP的情感定位中，我们可以把阴影情结作为情感共鸣点，它可以触及人的内心深处，引起大众的共鸣和认同，从而使得人与品牌产生强烈的情感连接。比如，影视剧《甄嬛传》里的安陵容，她出身卑微，家中无权无势，所以身处皇宫就变得自卑敏感。在经历了一系列的误会之后，她彻底黑化，变成了一个冷漠自私、残忍狠毒且嫉妒心超强的人。

这样的IP形象不是绝对意义上的坏人，但是她的种种"阴影情结"又映射了多少人的内心，那些"坏"同样也隐藏在我们的内心，但却不被我们承认。很多人看到安陵容，仿佛看到了那个谨小慎微、自卑懦弱且嫉妒心滋生的自己。所以，暗黑系的IP形象很容易引起人们的共鸣。

（4）傻瓜情结

我们之所以把"傻瓜情结"当作触发大众心灵的共鸣点，是因为傻瓜式的形象总能以一种真挚、淳朴的表达方式唤醒人们内心深处的情感，它强调了人们心里的真实诉求，它勇敢地表现着自己的好恶，没有伪装，也没有虚伪，它的存在唤醒了人们渴望自由的诉求。所以，电影《阿甘正传》中的阿甘、《士兵突击》中的许三多、《三傻大闹宝莱坞》中的"三傻"等，在他们身上虽然存在很多明显的缺点，但是他们带给人们更多的是感动和真实。

（5）反叛情结

"叛逆情结"也是人类无法掩饰的基本天性，很多经典IP都将"叛逆情结"作为自己的情感共振点，无一例外地引起了大众很好的反响，比如越狱兔。这些叛逆的形象之所以能够激发人们内心的涟漪，是因为他们敢于对权威、规则和传统观念发起挑战。他们代表了一种对不公平现象的反抗，代表了对自由和个性的渴望，也代表了人们对未来的憧憬。所以，这样的叛逆形象独具魅力，很受大众欢迎。

（6）热血情结

"热血情结"一直是很多IP作品里不可或缺的情感锚点，代表作品有《灌篮高手》《圣斗士星矢》。这些热血类的作品之所以受人欢迎，是因为它包含了积极向上的主题，主角对正义、善良和真诚等品质的坚定追求，包含了一些充满张力且刺激的东西，它很容易给人们带来紧张和兴奋的感觉。

（7）搞笑情结

在很多经典IP中，少不了搞笑式角色，比如《怪物史莱克》中的驴子。而这些"搞笑情结"之所以能打动人心，是因为它能以一种接地气的方式展现出普通人的喜怒哀乐，而且，搞笑情结大多是以一种幽默、诙谐、轻松的方式帮助人们减轻生活的压力和焦虑，给人们的生活增添了很多欢声笑语。所以，很多IP愿意以"搞笑情结"作为情感锚点，来挑动观众的情绪。

（8）搏斗情结

远古时期，人类为了生存与野兽搏斗，这段记忆一直留存在人类的基因中，所以当人们看到奥特曼大战怪兽，汤姆和杰瑞追逐对抗时，会深深地被吸引进去。尤其是当观众看到主角们取得胜利时，会心生喜悦和成就感，这就是"搏斗情结"能引起观众情感共鸣和情感投入的关键。而且，"搏斗情结"还可以赋予IP一种积极向上、不屈不挠的精神内涵，使得人们能感受到它的正能量，所以也很容易被这种情结所感染。

（9）超能力情结

相信每个人都曾幻想过自己有朝一日能获得无所不能的超能力，然后运用超凡的智慧解决生活中的困难。而当一个有超能力的英雄出现在我们面前时，我们兴奋不已且敬佩至极。这时，我们已经将自己代入英雄的世界，在这个幻想的世界里，我们超越了现实世界的限制，尽情地体验这种胜券在握、征服一切的奇妙感觉。这种感觉实在是太过瘾了，所以很多以超能力情结做情感定位的IP总是能获得多数人的喜爱和赞赏。

（10）呆萌情结

"呆萌情结"是一种潜意识冲动处于波澜不惊中的状态，很多IP都定位在这个情结上，比如 LINE FRIENDS 的布朗熊、HELLO KITTY 等。这些形象无辜和天真，总是惹人怜爱。面对它们，我们可以暂时放下忧愁和烦恼，获得片刻的快乐和纯真。所以，这种情结也可以作为一个情感共振点，吸引和打动用户。

（11）宠伴情结

宠伴情结源于人们对非人类伙伴的信任和需求。和宠物相处是一种非常独特的体验，我们能从中感受到快乐和温暖，也能感受到它们的忠诚和信任，所以，以宠伴情结为定位的 IP 也能打动人心。有关的调查数据显示，在全球排名 50 强的 IP 榜单上，有超过 1/3 的 IP 是宠伴式角色。

（12）傲娇情结

傲娇情结代表的是人类潜意识中不屈服的生命张力。很多经典 IP 里的"傲娇情结"，那一副特立独行的、自以为是的模样很受人们追捧，人们在它们自信和骄傲的神情中仿佛看到了那个隐藏在内心深处的自己。所以，"傲娇情结"的 IP 角色同样也有打动人心的力量。

（13）长不大情结

长不大情结，指的是在某些文化、艺术、娱乐等领域中，存在一种难以割舍的"长不大"情结，即不愿意接受自己已经长大成人的事实，仍然追求像孩子一样天真烂漫、无忧无虑的思维和生活方式。

它代表着人类潜意识中拒绝成熟、永远童真的那一面。《彼得·潘》《小王子》的主角就是拥有这类情结的典型代表，他们天真烂漫，活泼可爱；他们通过各种方式抵制成年人的世界。生活在永无乡的彼得·潘与代表成年人功利的坏蛋铁钩船长不停地斗争。小王子质疑人类社会的活动规则，最后他以死亡的方式离开了阴暗复杂的地球环境。现在人们的生活压力普遍都很大，所以"长不大情结"也很容易引起消费者的共鸣。

（14）成人礼情结

它与长不大情结正好相反。拥有这种情结的主角大多向往长大，渴望成熟。具有这种情结的典型代表作品有《哈利·波特》《狮子王》等。这些作品里的主角全都参与了一个特殊的加冕仪式，这些仪式会给人的心灵带来震撼，它代表着我们的人生又迈入一个新的阶段。

（15）开悟情结

所谓的开悟，就是指对生命及宇宙本体实相的真实发现和觉知。开悟情结代表了人性潜意识渴望自我升华的部分，它是一种最高等级的情感能量。影视剧《哈利·波特》中的邓布利多，《星球大战》中的尤达大师身上都体现了这种超然物外的情结。

（16）负能量情结

这里说的负能量，具体表现为丧、颓、废、嚣张、霸道等，例如美国成人动画剧《马男波杰克》里的主角。

以上就是常见的十六种情结原型。通过这些原型，可以帮助我们有效找到贴近潜意识的情感定位。此外，我们在孵化IP时，一个IP角色可以同时设计多种情结，比如流氓兔，我们可以给它同时贴上"贱""萌"的标签，这样可以让IP的角色和故事，更有深层的感召力。

把握人性，确定故事焦点

我们在品牌 IP 化的过程中，除了要做好情感定位，还要给故事也做好定位，这样才能确保故事能引发共鸣，从而将消费者的情感嫁接到品牌和产品上来。

那么，设计者在给故事定位时需要注意什么呢？首先，就是把握人性。因为人性是故事能够吸引人的重要因素之一。围绕人性展开的 IP 故事能够给人一种真实感，它可以让人们感受到人性的复杂和多变，也可以让人们理解和反思自己的行为和决策，还可以通过故事中对人性的探讨，了解人类的本质和价值观等。

总而言之，品牌 IP 故事只有定位在基本人性点上，并且表述人性最基本的发展、归属感、帮助、暗黑等部分，才能让 IP 获得长久的生命力。下面，我们盘点超级 IP 的九种故事原型，或许可以给大家更多的故事定位灵感。

1. 对抗巨人

每个人心中都有想要与自然或者命运抗争的决心。这是由人的天性决定的。所以，很多 IP 都以这个为故事原型，创作出一系列成功的 IP

故事。

2. 寻找宝物

这里说的宝物特指"企业家的使命、责任或者任务",而不是指传统意义上的物质条件。当品牌创始人将寻找的目标由金钱转换成责任和使命时,这个故事便拥有了打动人心的力量。

3. 悲情英雄的救赎

顾名思义,这类故事的主角会以失败和悲情作为结束,但他们依旧有足够的信念和超越世俗的坚定理想,依旧自强不息,试图通过努力完成自我救赎。这就是故事最打动人的地方。这类故事的IP代表有堂·吉诃德、切·格瓦拉。这些都是悲情英雄救赎的例子。

4. 单纯天真的人大获全胜

这类故事的IP代表有《阿甘正传》。故事的主角阿甘是一个智力低下,但心思单纯且善良的人,遇到困难他从不气馁,也不抱怨,不强求,更不奢望,而是依靠自己的努力,竭尽所能地做自己该做的事情。故事中主人公对爱情、自由的追求感染了很多人,人们对于他坚持和勇敢的精神更是无比崇拜。类似的故事IP还有灰姑娘、白雪公主、怪物史莱克等。这类故事阐述了人性的美好和复杂,给人以深刻的思考。

5. 王者归来

这类故事的主角一般在刚开始时因为种种原因被打压得非常狼狈,后来他们重整旗鼓,抱着坚定的信念和必胜的决心,重新回到胜利者的位置,所以被称为王者归来。代表IP有《狮子王》,这个故事的主角辛巴小时候因为遭到叔叔的暗害，开始了苦难的流浪生活。后来，在逃亡的过程中，遇到了无数的困难和挑战，不过辛巴并没有被困难吓倒，而是始终坚持自己的梦想和信念，最后返回狮子国，与叔叔展开了一场为了正义和真理的决战，最终辛巴战胜了死敌，夺回了王位。

这个故事教会人们遇到困难要勇敢前行，虽然前路艰辛，但是要勇敢地追求正义和真理，勇于承担自己的责任，最后命运一定会给你一个理想的结局。这样的故事既是对人性的考验，又是对人生的启发，所以很容易引起人们的共鸣和喜爱。

6. 无名小卒当救世英雄

这类故事的主角虽然身份低微，但是他却有一个不平凡的出身，或者有一个特殊的身份，比如超人是氪星人，《星球大战》里的卢克是黑武士和女王的孩子等。这些故事意在鼓励人们要勇于发现自己的内在力量，并且利用自己的勇气和智慧迎接巨大的困难和挑战，最后完成个人的成长。这类故事对人们有很强的启发和激励作用。

7. 和自己的阴暗面作战

顾名思义，这种故事的主角大多是亦正亦邪的人物，就像《哪吒之魔童降世》里的哪吒一样，他不顺从父母，有时还会捉弄百姓，这是他人性中邪恶的部分。不过，哪吒即使被百姓误会和排挤，依旧坚持自己的思想，哪怕牺牲自我，还是坚持和恶势力对抗，保护百姓的福祉，这是体现他正义的部分。一正一邪的对抗，既体现了人性的复杂，又给人们带来很多的反思，这样有深度的故事IP很容易成为爆款。

8. 人性本真者的日常生活

这类故事没有什么跌宕起伏的剧情，演绎的都是人性本真的状态，每个故事的主角个性特征明显，讲述的都是极为主观的情景化故事。这类故事温暖而治愈，可以给人们的心灵带来舒适和安宁。

9. 有缺陷的人与神奇伙伴

这类故事有两个主角，一个是有明显性格缺陷的A，另一个是有超级能力的B。比如，"大雄与哆啦A梦"，这个故事里的大雄是一个性格温和善良，但是有点软弱的人，他一遇到问题就会逃避。很多时候，都是哆啦A梦在帮他摆脱困难，尽管哆啦A梦多次表示：只帮大雄这一次，下次就不会再帮忙了。但是当大雄遇到困难的时候，哆啦A梦依旧是那个热心的拯救者。

在这个故事里，最能引发大家共鸣的便是大雄的软弱。这个性格特征在很多人身上都出现过，所以大家看到大雄就仿佛看到了自己一般，观众能从这个软弱的角色中看到足够多的自我投射。

以上便是超级IP的九种故事原型。在给自己的故事定位时，除了要考虑选择什么样的故事原型，我们还需要考虑自己的目标受众，要以他们的年龄、性别、兴趣爱好、文化背景等特征作为定制故事的根本依据，如果你的故事定位时未考虑全面，那么将很难引起人们的共情。

比如，2021年化妆品品牌珀莱雅在"三八妇女节"时，联合了多个品牌，为大家讲述了一个关于"性别不是界线，偏见才是"的品牌故事。"对那些所谓的'职场分工'，说不。""对那些所谓的'不适合女生'，说我也可以。""玩具没有性别，快乐也是。""不是所有在外打拼的'骑手'都是男生。""如果洗衣机没有性别，为什么在家里使用洗衣机的总是女性？""科学没有性别，好奇心和求知欲，属于所有人。""花是开给所有人看的，浪漫之心，无分性别。""一个有力量的女性，不必像个男人，汗水本来也属于女性。"这些品牌故事针对的目标用户是女性，这个群体能顶"半边天"，社会贡献一点也不比男人少，但是却处处被贴标签，有时还被性别歧视，这让女性朋友感同身受，所以这个故事主题可以引起广大女性强烈的共鸣，也深刻反映了大家的心声。

另外，我们在给品牌故事定位的时候，还可以从产品的角度出发，思考一下自己的产品，能够在消费者的什么故事中，扮演什么角色。比如，红星二锅头酒的品牌故事是这样的：两个一起奋斗几十年的好哥们，一起喝着红星二锅头酒，一起回忆青春。从这个故事的文案"用子弹放倒敌人，用二锅头放倒兄弟"可以看出，红星二锅头酒是两个好哥们之间互动的焦点，在他们的关系中扮演着"黏合剂"的作用。两人在一起同甘共苦，是红星二锅头酒让他们兴致不减畅谈往昔，是红星二锅头酒让他们的关系日益坚固。

再如，亚马逊公司的电子阅读器 Kindle 的广告里，有一个人静静地坐在船上看着电子书，他的旁边空无一人。在这个品牌故事里，Kindle 扮演了一个陪伴者的角色。

我们常说，产品如果没有在消费者的生活中扮演一个合适的角色，那么它就很难被消费者认可和接受。所以，在构思品牌故事的时候，必须从产品的角度出发，认真思考，认真给故事找一个合适的定位。

最后，故事定位除了要注意上面所说的内容，还要考虑故事的风格、主题、骨架等。只有把这些细节问题一一稳妥敲定，才能让自己写出来的 IP 故事更具吸引力和价值。

打造超级符号，做好品牌建设

符号输出是品牌 IP 形象在视觉呈现时的核心部分，如果符号定位成功，那么它就能给品牌和产品的包装带来更高的辨识度，也能让消费者对品牌产生好感和兴趣，从而拉近消费者与品牌和产品之间的距离。

一般来说，成功的 IP 符号都有如下几个特征。

1. 符号简约而有辨识度

很多超级 IP 形象设计得都很简单，在它们的身上看不到复杂多样的元素，也没有色彩缤纷的感觉，一眼看上去就是很大方得体，并且过目不忘。这就是一个超级符号该有的样子。比如，动画片中皮卡丘的形象是全身皮毛为黄色的电气鼠，黄皮肤、长耳朵、闪电尾巴和两点腮红是它周身最有辨识度的符号。还有影视剧《神偷奶爸》里的小黄人，它有胶囊状的身体、黄色的皮肤、潜水式的大眼镜、蓝色背带装，这些简约的元素共同组成了可爱的小黄人。再如，品牌汽车奥迪四个圆环也很简约独特。

总而言之，这些超级 IP 形象，虽然设计得非常简单，但是每个 IP 形象都有自己的识别符号，人们很容易就能将它记住，放在同类卡通人物中一眼就能辨认出来，这就是符号设计者的高明之处。

2. 易于传播

设计成功的品牌超级符号具有很强的传播属性，它很容易在各个媒介中广泛传播，而传播的次数多了，受众也就变多了，这样一来，大量的消费者就会在潜意识中认可这个品牌，进而对品牌形成忠诚度。

3. 引人思考

一个成功的 IP 形象仅仅有辨识度还是远远不够的，通常那些超级 IP 不仅易于辨识，而且可以引导消费者展开无尽的遐想。比如，经典卡通形象皮卡丘，人们一看到它就想到了可爱、温暖、友好等美好的东西。

超级 IP 符号是一种具有高度影响力的文化符号，如果我们赋予它一定的文化内涵和品牌的个性，那么人们看到的 IP 形象绝对不单纯是角色本身，而是会产生很多积极的情感联想。

我们在品牌 IP 化的过程中，按照这些标准给符号定位，这样设计出来的形象才能帮助品牌在市场中建立起强大的品牌认知和影响力。

另外，我们在给符号定位时还可以历史文化为背景，展开丰富的联想。比如，在给北大荒农产品设计 IP 形象时，就分别设计了五类拓荒者，里面有科技人员、军人、大学生、农民、支边青年。这些构思非常贴合品牌的调性，为企业赋予了更生动的视觉表现。

最后，在设计超级符号的时候，还要考虑 IP 形象的延展性，即品牌视觉符号标志在各种触点的应用下全部有良好的视觉表现。延展性好的 IP 形象可以通过不同形式和方式的创新和扩展，实现品牌价值的最大化。

比如，天猫的标志延展性就很好，我们可以在这个可爱的猫头造型里添加"11.11"的字样，也可以添加别的品牌的图标，还可以将它当作一个置物架，在里面放置各种各样的东西。总之，这个造型可以与其他各类品牌实现完美融合。

再如，北京菜市口百货股份有限公司（简称菜百）的 IP 形象"菜小白"采用的是雅俗共赏的传统文化符号白菜作为自己的形象，它暗含着"百财"之意。它的基础形象选用了橘黄色作为主色调，给人一种眼前一亮、充满朝气的感觉。这也与其黄金珠宝销售的主营业务相配。

菜小白不仅在品牌营销中扮演着重要的角色，而且在延展应用时，也会以不同的形态和服饰出现在不同的场合，让人惊喜不断。比如，在贺岁档时，它穿上了国潮风格服饰，为人们展示古色古韵的传统文化。它还会根据产品情况换上不同的造型，给人们带来不一样的视觉体验。它还曾变成科普小达人，为大家演绎日常生活、工作场景，普及防疫知识。

菜小白的形象除了不同场合的变化，还能开发出一系列周边产品，比如毛绒玩具、帽子、水杯、雕塑等。另外，它还和不同领域的 IP 合作，推出了联名款的产品，吸引了更多消费者的关注。

最后，在设计这些符号和标志的时候，要顾及不同民族的禁忌，尊重他们的文化和习惯，千万不要让设计出来的东西让消费者产生不必要误解，从而影响品牌的名誉。

比如，在中国，龙是吉利的象征，但是有些西方人却认为龙是邪恶和暴力的象征。中国人认为数字"4"代表着"死"，不吉利，但是德国人却喜欢这个数字。所以，企业在设计图标符号的时候要格外注意这些因素，以免产生歧义。

总而言之，IP符号的运用是品牌与产品形象包装的重要资产符号。如果定位成功，可以给用户带来愉悦的视觉体验，还可以凸显品牌的个性特征，从而强化品牌在用户心中的印象，最终通过持续传播，转化成品牌不可或缺的资产。

第五章

品牌人格化：品牌IP化的核心

一个成功的人格化品牌是其最好的公关

"人格化"这三个字一般出现在文学作品中,讲的是拟人的表现手法。在文学作品中,将没有生命的事物赋予人的特征,可以提升作品的可读性和趣味性,更容易激起人们的情感共鸣。其实,这种"人格化"的方法不光能用在文学作品里,也能应用到品牌营销中。

所谓品牌人格化,就是让品牌拥有人的一系列特性。凡是描述人格的词语,比如"温柔""欢乐""呆萌""端庄"等,都可以描述品牌。另外,为了凸显品牌的人格化特征,我们可以为品牌赋予人的性别、年龄、身份等属性。当然,人的兴趣、活动等生活方式,以及一系列丰富的情感也可以复制粘贴在品牌身上。这样打造出来的IP形象,可以更好地呈现品牌产品在同类商品中的差异化,也更能增加用户的黏性和忠诚度。

就像现代营销大师菲利普·科特勒所说的那样,一个成功人格化的品牌形象就是最好的公关,它能够促使品牌与消费者的关系更加密切,使消费者对品牌及其内在文化的感情逐渐加深。最终,品牌在消费者心中的形象将不仅仅是一个产品,而渐渐演变成一个形象丰满的人,甚至拥有自己的形象、个性、气质、文化内涵。

了解了品牌人格化的重要性之后，我们再来分析它出现的必然性。

首先，品牌 IP 人格化是市场细分的结果。不同的消费群体，有不同的需求、行为和偏好，所以品牌应该根据消费者的需求提供个性化的产品和服务。而品牌人格化就是一种有效的市场细分策略，它通过赋予品牌以个性化和情感化的特点，吸引用户的关注。这完全满足了市场细分之后，不同消费群体的要求。

比如，同样是运动品牌，安踏的广告语是"Keep Moving……永不止步"，而鸿星尔克的广告语是"I 自恋狂，I 时尚范，I 酷跑族，I 捍卫者。III……鸿星尔克，to be No. 1！"两个品牌追求和倡导的个性特征完全是不一样的，它们这种人格化的独特形象也只会吸引到认可它们理念的且与之同频的年轻人。

其次，品牌 IP 人格化也是社交媒体和移动互联网发展之后，品牌传播的一种必然趋势。

过去人们传递品牌信息，依靠的是传统的内容叙事，即用故事和情节来讲品牌故事。后来，随着技术的革新，媒体的发达，传播语境也发生了很大的变化。这个时候，品牌人格化能够更好地满足人们个性化的体验需求。人格化的特征可以让人们更加生动形象地了解品牌，亲近品牌，最后成为品牌忠实的拥护者。

总而言之，在品牌 IP 化的过程中，品牌人格化既有它的优势，也有其存在的必要性。所以，品牌可以利用人格化的营销策略为自己的品牌赋能。

最后，在品牌人格化的过程中，我们既可以将人的特性赋能到客观存在的产品上，也可以将其搬到虚拟的客户端或者服务上来。这样我们可以用内在的价值和外在的形象共同发力，争取让用户为自己品牌的价值输出买单。

十二种品牌人格原型，你钟情哪一种

所谓的品牌人格原型，是指将品牌特点和人的性格特点相结合。下面，我们盘点一下常见的十二种品牌人格原型，以方便大家在今后打造品牌IP的过程中学习和借鉴。

1. 天真者

这类品牌的人格特征为：乐观、天真、无邪，能保持一颗赤子之心，对纯洁、善良和朴实的东西充满了渴望。适合这种人格的通常是那些与怀旧、童年相关的品牌，或者是功能上和干净、健康或者美德有关的，可复制的品牌。典型代表有三只松鼠、喜茶、完美日记等。

2. 探险家

这类品牌的人格特征为：渴望探求外面的世界，渴望在外面找寻到与他们内在需求、偏好和期待相呼应的东西。这种人格类型常常被那些视野开阔且具有探索精神的品牌所青睐，比如路虎。

3. 英雄

这类品牌的人格特征为：勇敢、坚毅，他们为了某个伟大的目标，勇敢地迎接现实世界的挑战，这种勇闯逆境的精神鼓舞了很多的人。这种人格类型常常被勇于超越极限的品牌所喜爱，比如耐克。它的口号就是"Just do it！"它在倡导一种勇于挑战的精神。

4. 智者

这类品牌的人格展现出一种智慧、成熟且富有远见的性格特征。通常来说，这种人格特征往往被那些专业性强、权威性高的品牌所喜欢。另外，一些具有独特个性且具有深厚文化内涵的品牌也青睐这样的人格特征，比如知乎。

5. "离经叛道"

这类品牌人格展现出一种叛逆，且敢于挑战社会规则和传统观念的勇敢精神。通常来说，那些敢于追求梦想和目标，并且具有不屈不挠精神的品牌更青睐这种性格类型，比如 Supreme。这种品牌和叛徒的个性特点相结合，很容易激发人们的情感共鸣，形成高度的品牌认同感。

6. 魔法师

这类品牌的人格具有神秘、超凡、奇幻的特征。一些神秘、高贵且有独特魅力的品牌很青睐这种品牌人格特征，代表品牌有香奈儿、爱马仕、星巴克等。

7. 统治者

顾名思义，这类品牌具有权威、掌控和支配的人格特征。他们位高权重，功成名就，具有掌控全局的能力，能够控制别人的世界。这类人格特征通常受那些高品质、高服务的品牌青睐。比如劳力士手表。

8. 创造者

这类品牌的人格特征为：能够打破常规进行发明创造。他们在改变世界的同时，也在重塑自我。这样的性格特点颇受那些具有创新精神，且不断推出新颖、独特产品和服务的品牌的喜爱和青睐。典型代表为大疆，它们的口号是"The Future of Possible"（未来无所不能）。

9. 照顾者

这类品牌展现出的是关心、照顾和无私奉献的性格特征。对于一些提供保健、教育等领域服务的品牌而言，这样的个性特征是最受欢迎的，代表品牌有帮宝适、强生等。

10. 娱乐者

这类品牌的人格特征是以娱乐、欢笑、享乐为核心，可以给人营造一种轻松、愉悦的氛围。通常这类品牌主张不拘一格，讨厌正经、古板，总是钟情欢乐，活在当下。因此，那些富有创意和想象力的品牌，或者可以给消费者带来愉悦体验的品牌钟情这样的人格特征。比如，可口可乐，百事可乐等，它们的品牌精神就是能够为消费者带来快乐的体验。

11. 情人

顾名思义，这类品牌的性格是热情、迷人、魅惑，它代表美丽和性感。通常来说，一些具有浪漫气息且拥有温柔恬静气质的品牌很喜欢这样的人格特质，比如兰蔻、迪奥等。

12. 凡人

这类品牌的人格特征可以总结为：平凡、真实且独有亲切感。一些中低价位，且平凡、朴实的品牌钟情这样的性格特质，比如老干妈、大白兔，它们真诚、透明，可信度极高，可以给消费者带来亲切、真实的感受。

以上就是常见的十二种品牌人格原型，大家可以根据自己品牌的调性，以及企业的精神内涵挑选适合自己的人格原型进行深度创作。不过，在塑造品牌人格时有个原则，品牌人格要统一稳定，不要给人一种性格多变的感觉，这种善变的人格特质无法给用户带来安全感，也不招人喜欢。

脱口秀节目《罗辑思维》的创始人罗振宇说："互联网时代，特别是移动互联网时代，品牌是基于人格魅力带来的信任与爱，是品牌的去组织化和人格化。"我们只有把品牌当人看，让它走人格化的路线，才能让自己一直走进大众的视线里，从而获得生存和发展的资格。

六个维度，打造好品牌的"人设"

在娱乐圈，很多明星都喜欢立人设，比如老干部、学霸、文青、吃货、耿直、真性情、喜剧人等。这样做的目的是增加观众的记忆点，让他们能够在众多明星当中脱颖而出。同样的道理，我们在品牌IP化的过程中，也要立好品牌"人设"，构建好与消费者深度对话的资格。

那么，企业要想打造好品牌"人设"，应该从哪些方面着手呢？以下是可供参考的六个维度。

1. 视觉

人类是视觉动物，绝大多数人对外界信息的获取方式都是通过视觉来完成的。所以，我们一定要重视品牌的外包装，就像人一样，在出门之前要"涂脂抹粉"，包装自己，目的是让自己呈现出最好的视觉效果。美观的产品外包装能让消费者收获一个愉悦的观赏体验。

具体来说，品牌可以根据自身的定位和目标受众，确定一个品牌的基调。然后根据品牌的基调，选择合适的颜色，设计一个独特醒目且人性化的标志。除此之外，我们还可以根据需求设计一些具有辨识度的品牌IP形象，这些形象要包含人的一些特性。总而言之，一切设计要遵循拟人化的原则，这样才能给消费者留下深刻的印象。

2. 语言

这里的语言不仅仅指文字，还包含了声音、图片等传递信息的载体，我们一定要精准把握。

首先，品牌名称是构建品牌人设的起点。很多品牌在给自己命名时就用一些拟人化、生活化的，好记忆、好传播的词汇。比如威猛先生、小茗同学、小鹏、喜茶、奈雪的茶、同道大叔。这些人格化的名称，一听起来就很有氛围感和情绪感，可以把消费者带入想象和联想的情境中。

其次，品牌的标语是立住品牌人设的核心。一般来说，品牌的标语既要凸显品牌的个性和价值，还要赋予它一种人性色彩。再如，长城葡萄酒的经典文案"三毫米的旅程，一棵好葡萄要走十年"。再如，阿里淘鲜达将大闸蟹拟人化："下辈子还要做自己横行霸道，富得流油。"它用人的口吻写出了螃蟹的肥美。还有饿了么用了拟人的手法，让虾说话："吃虾之前请务必洗手，我干净了一辈子，给我的牺牲一点尊重。"

这些拟人化的语言，一下子就把品牌的人设给立住了。这样的表达方式不仅可以给消费者增添阅读的乐趣，还给品牌增色不少。

3. 价值

这里的价值包含两个层面的意思：一是品牌的商业价值，二是品牌的社会价值。前者是指品牌能为消费者提供产品和服务的功能；后者是指品牌为社会所做的贡献。通常来讲，品牌的社会价值主要体现在公益活动中。

一个品牌需要商业价值和社会价值互相辅助，互相配合，构建一个双赢的局面。

4. 人格

这里说的人格，主要是指品牌的价值观和信念。一般来说，这些人格特点出现在品牌的广告语中。比如，方太的广告文案是这样的："生活就是小事上偶尔不和，大事上不谋而合，爱情最奇妙的点，是两个人的差异，一模一样才没意思，小吵小闹的样子，才是过日子，不是吗？""一张桌子上吃饭的就是一家人，阳光正好，我喝着咖啡，你吃着最爱的零食，彼此的陪伴，让我们感受温暖不再孤单。"

这段文字充满了诗意，它用迤逦的文字、温馨的格调向人们传递着自己对生活的理解。这样的话既诠释了品牌的价值观，同时也给消费者带来精神的抚慰，从而使其深入了解品牌内涵，最终成长为品牌的忠实守护者。

一般来说，为了让消费者对品牌留下深刻的印象，我们在打造品牌人格时要抛开固有的认知，制造反差。比如，豆腐给人的感觉一向是柔软的，但日本有一个"男前豆腐店"的品牌，它塑造出来的豆腐却给人一种阳刚、力量的感觉。这样的品牌人格会给人一种与众不同之感，所以很容易吸引消费者的眼球。

5. 信用

俗话说，至诚者高尚万人敬，弃信者卑劣千夫指。诚信是一个品牌的立足之本，如果品牌在经营的过程中，没有为用户设立信用锚点，那么品牌就无法树立好的"人设"。

在 2023 年河南省"诚信兴商宣传月"活动举办启动仪式上，许昌市胖东来商贸集团有限公司《以诚信为消费者带来更多美好》案例入选全国"诚信兴商"20 个典型案例，并位居榜首，是河南省唯一入选的百货零售企业。对此，网友表示，实至名归，不愧是零售界的天花板。那么，胖东来为什么能获此殊荣呢？

首先，它对待自己的员工真情实意。为了让每个员工成为"诚信兴商"的传播者，胖东来设立了"员工委屈奖""员工好建议奖"。

其次，胖东来为了给商品品质和服务质量把关，特意在超市仓储加工配送中心设立食品安全检测室，配备专业检测设备、专业专职检测人员，所有产品未经检测，一律不准配送至商场超市门店销售，做到真正让消费者放心。

最后，胖东来公开向社会作出并不折不扣地履行"用真品换真心，假一赔十""不满意就退货""商品和服务质量有问题就赔款"等承诺。

这些诚信的举动每一点都落在了实处，它用信用的锚点为自己的品牌设立了一个人人认可且啧啧称赞的"人设"。

6.传播力

一个品牌的"人设"能不能立得起来，跟品牌的传播力也有很大的关系。一般来说，一个品牌的社会地位越高，影响力越大，"人设"就立得越稳。

所以，我们在打造品牌"人设"的时候，也要选择好适合目标受众的传播途径，以此实现最理想的传播效果。另外，我们还可以根据市场的反馈，以及目标群体的变化，持续优化传播的策略，以此保证传播的有效性。

以上是打造品牌"人设"的六个维度。大家在品牌IP化的过程中，不妨从这几个角度切入，可以有效为品牌的"人设"赋能，从而一举将品牌打造成一个人人认可且喜欢的"香饽饽"。

品牌人格不要太完美

一提到品牌人格，很多设计者的脑袋里就想着"尽善尽美"四个字。其实，这是一个认知的误区，因为完美的人格设定最容易出问题。

就像很多人喜欢在朋友圈秀自己精致完美的生活，比如，吃大餐、网购、健身、旅游等。而且，任何一张照片都要精修后才发布，为的是显示自己高品质的生活。其实有些人看到这样"完美的生活"，第一感觉不是羡慕，而是觉得虚假。

一些接地气的品牌人设才更容易引发人们的共鸣。

雷军在小米印度发布会上说的一句"Are You Ok"被人们改编成一段洗脑神曲，在网络上爆火。这个不标准的英文发音成了雷军的"黑历史"。可大家并不会因为雷军的这个"污点"而对小米心生厌恶，或者产生疏离的感觉，反而因为他的接地气，内心多了几分喜欢。

小米本来就是一个平价的产品，当他的创始人都因为接地气的发音惹得群嘲，说明他真正地站在了普罗大众的身边，他们创造的这个槽点本身也体现出品牌接地气的人格设定。

当然，不同品牌在塑造不完美的品牌人格时，需要找到适合自己的方式。一些品牌可能会通过幽默、轻松的方式来展现小缺点。比如，阿里曾经在一则广告中有这样一段对话："你们不是万能的吗？"阿里回答："我们是万能的，但也有搞不定的时候。"阿里用自嘲的方式拉近了自己与消费者之间的心理距离。

当然，还有一些品牌会选择更直接、诚实的方式来与消费者沟通。不过，不管用哪种方式，只要品牌人设不追求完美，足够亲近目标人群，就能与其建立更紧密的联系。

塑造品牌人格的五个关键要点

在前面的内容里，我们给大家介绍了很多的品牌人格原型，可是很多设计者在塑造品牌人格的时候还是没有头绪，不知道如何在纷繁复杂的人格原型中选择适合自己的。下面，我们从五个关键点出发，详细阐述如何塑造品牌人格。

1.精准拿捏好消费者的个性和"脾气"

马歇尔百货公司的创始人马歇尔·菲尔德曾经提出一种营销理念："顾客就是上帝"。如何服务好这些"上帝"，我们需要坚守一个准则：一切以"上帝"的意愿为基准，目标消费者的人格就是品牌的人格。因为消费者在挑选产品时，一般都会选择和自己人格一致的品牌。比如，顾客是一个追求奢侈生活的人，那么他肯定选择高奢品牌。如果顾客是一位有点浪漫气息的文艺女青年，那么她肯定会选择文艺气息浓厚的品牌。总之，消费者在潜意识里，会选择和自己人格形象一致的品牌和产品。

所以，我们在塑造品牌人格时，需要摸清楚目标消费者的"脾气"，才可以在消费者喜欢的行列里了。

2. 讲好品牌故事

塑造品牌人格，离不开品牌故事。我们可以从一个品牌的故事里窥探出品牌的人格。比如，广州南兴合兴堂的女子舞狮队在表演时，曾被以"女子舞狮会影响风水"为由要求把女狮队员换成男狮队员。化妆品牌珀莱雅以此事件为背景，推出了题为《醒狮少女》的视频短片：

"力量、汗水和狮子同样也属于女性，温柔、细腻和玫瑰同样也属于男性。你可以是狮子，也可以是玫瑰，性别不是边界线，偏见才是。我们不会停止呐喊，直到唤醒每个人心中的狮子。"

这条视频故事角度独特，寓意深远。它用一个舞狮的品牌故事，引导消费者做勇敢独立的新时代女性，并且呼吁大家反对性别偏见，从而构建起珀莱雅的正面人设。

由此，我们可以得出这样一个结论：一个生动有趣的品牌故事既能让品牌形象和人设深入人心，也能让消费者与品牌产生情感共鸣，从而轻松打开钱包，为你的产品买单。

3. 不要和竞争对手雷同

我们在塑造品牌人格的时候，除了要考虑目标人群，还要考虑竞争对手。如果忽视它们的存在，那么我们打造的品牌人格很有可能和竞争对手雷同，这样很难脱颖而出，让消费者在一众同类型的产品中选择自己。所以，巧妙避开竞争对手扎堆的品牌人格，是每个品牌人格设计者都该具备的觉悟。

比如，在手机市场竞争如此激烈的环境下，每个品牌都在搜肠刮肚地证明自己的"独特性"和"唯一性"。比如，华为手机注重技术的创新和产品的质量，所以它经常通过强调自己的研发实力和科技水平，塑造独特的品牌人格。而苹果则强调用户的体验，以及设计美学，以此让用户认识到其产品的与众不同。

再如，零食品牌"张君雅小妹妹"，当别的方便面宣传自己的口感时，这个品牌一反常态，竟然从"宣泄压力、缓解情绪"找到了产品宣传的突破点。如今，人们的生活压力很大，都想找到一个释放的途径，"张君雅小妹妹"推出了一款"捏碎面"来迎合大家的需求。这一"捏"既给消费者减了压，还解决了膨化食品产品破碎率高的问题，可谓一举两得。

为了给消费者树立独特的人格形象，"张君雅小妹妹"在泡面的包装上还印上了一个头戴红色蝴蝶结的小妹妹，她模样可爱，非常招人喜欢，而且，包装的文案上还写着这样的话："手下留情，捏卡小力点。""再捏我，我会跟阿母讲哦！"这样傲娇、可爱的语录让品牌变得人格化，也让消费者深深地被这个 IP 形象所吸引。

4. 与用户平等对话

品牌人格化的根本目的是通过人格化的品牌形象，与用户建立良好的情感沟通。而要实现良好的、有效的沟通，品牌的姿势就不要保持一副高高在上的模样，这样会引起消费者的反感。品牌只有站在消费者的位置和角度，用他们喜欢的性格、语气、情感、态度，和他们平等交流，才能让消费者感受到尊重，也才能引起他们的情感共鸣。另外，在与消费者交流互动时，也要表达人性化的关怀，提供温暖的服务，这样才能让人格化的品牌形象深入人心。

5. 用创始人的形象为品牌背书

刚开始的时候，人们经常将品牌的人格寄托在一些卡通或者动物的形象上，可这些形象符号的功能虽然能增强品牌的辨识度，但无法承载更多品牌的精神和理念，于是高辨识度的"人"便承担起企业形象代言的工作。那么，选择什么样的"人"为品牌做背书呢？品牌的创始人无疑是最优解。

之所以选择品牌创始人为产品背书，是因为品牌承接了创始人的意志，品牌的理念和精神自然与创始人息息相关，所以用创始人的形象来做品牌的背书，是近年来品牌人格化的一个趋势。比如，褚时健便是褚橙的形象代言人，他一生跌宕起伏，从风光无限的"烟草大王"变成了"阶下囚"，再从"阶下囚"逆袭成"橙王"，这段传奇经历和凤凰涅槃般的励志故事本身就自带光芒，消费者也很乐意为这样可贵的精神埋单。

知名广告大师大卫·奥格威曾经说过，决定品牌市场地位的是品牌总体上的性格，而不是品牌之间微不足道的差异。由此可见，品牌人格化的重要性不言而喻，它既能凸显品牌的核心价值，又能让人们认识到品牌的独特性。所以，我们在构建品牌人格的时候，一定要再三慎重。除了注意上面提到的五个关键点，我们还要考虑品牌历史、品牌标志、产品包装、文字叙述、明星代言人等种种要素，这些也是构成品牌人格的关键因素。

案例拆解：三只松鼠的人格化营销

如今很多品牌都意识到人格化营销的重要性，所以都争取把自己打造成一个具体的、可感的"人"的形象，这样可以有效拉近自己与消费者之间的距离。下面，我们以三只松鼠为例，分析它的人格化营销之路。

首先，它的品牌名称和形象设计得富有人格魅力。美国营销大师艾尔·里斯和杰克·特劳特在他们的著作《定位》中说过，在定位时代中，你要做的最重要的营销决策，便是为品牌取个名字。

品牌的名字能折射出一个品牌的文化内涵，也能看出它的目标受众是哪一类人。而三只松鼠这个品牌之所以选择"松鼠"这个词汇，是因为它能够和自己售卖的坚果联系在一起，仅仅看名字就能引人遐想。另外，它还在前面加了"三只"这样的前缀，更加增加了品牌的辨识度。三只松鼠的创始人章燎原认为奇怪的名字更容易形成品牌生产力。这也是三只松鼠名字的由来。据说，这个名字为该品牌后期的广告投放节省了三分之一的成本。

它的品牌形象是三只松鼠,分别是鼠小贱、鼠小酷、鼠小美。这三只松鼠有不同的血型、星座、个性和兴趣爱好等,很多年轻人可以在三只松鼠身上看到自己的投影。另外,可爱、呆萌的松鼠形象也迎合了目标用户的审美和喜好,所以加深了他们对品牌的认可和喜欢。

三只松鼠的外包装形象也很人性化。三只松鼠的包装采用的是纸质印刷材料。四面封口可站立的结构让三只松鼠的产品具有更大的稳定性,可以减少运输途中的损耗。并且,每一袋坚果都是用铝制和纸质包装双层包裹,给足了消费者满满的安全感。此外,它的外包装上还印着戴着眼镜的松鼠小贱,看起来让人很舒服。

其次,三只松鼠的品牌人格化还体现在与消费者的沟通上。三只松鼠的客服人员用松鼠的口吻与消费者交流,让自己化身为"松鼠"宠物,而消费者则是"主人"。消费者一进入三只松鼠的旗舰店,就会看到这样一行字:"主人么么哒,有什么需要为您服务,欢迎吩咐小鼠~"这样的沟通模式,让人觉得松鼠就像人一样的幽默风趣,从而对这个品牌的好感度直线上升。章燎原还特意编写了一本手册《做一只主人喜欢的小松鼠——小松鼠客服壹拾贰式》,具体内容如下:

第一式,你只有变成一只可爱的小松鼠,才会让主人开心。

第二式,主人们很多时候并不知道什么样的产品是最好的,而我们就是产品专家。

第三式,主人们并非想要廉价的产品,占到便宜比得到廉价的产品更有诱惑力。

第四式,对自己产品自信,才是给主人自信,才能促进销售。

第五式,小松鼠与主人在交流中,每句话都应尽可能表达统一的品牌属性,增强主人对松鼠家的认知。

第六式,让主人记住你以及下次找到你,是主人购物最大的安全保障。

第七式,让主人购买更多的产品不是你的极力推销,而是在频繁的沟通中引导需求。

第八式,坦率地面对主人,说出产品的某些缺陷,是体现真诚和促进销售最好的办法。

第九式,变成一只可爱会"卖萌"的松鼠,因为在主人产生不满和不快时,"卖萌"可能会获得主人的谅解。

第十式,让主人给你推荐更多的主人,最好的办法是做一只让他忘不掉的松鼠。

第十一式,帮助主人解决问题的过程,比结果更能打动主人。

第十二式,不要放弃每一笔生意,做一只执着聪颖的客服松鼠。

看完这十二个沟通准则,你就会明白三只松鼠将人格化营销体现得多么淋漓尽致。当然,在这种人性化的,有趣的沟通模式下,消费者自然与品牌建立起了长远的、深厚的情感关系。

最后,三只松鼠的售后也体现了浓浓的人情味。在三只松鼠的快递包裹内,会给消费者准备一些有用的物件,比如开箱神器"鼠小器"、湿纸巾、密封夹、萌版卡套等。这样细心体贴的人性化关怀，很难让人不喜欢这三只可爱的松鼠。另外，三只松鼠还组织了评价管理团队，他们的任务是从上万条主人评价中分类整理出"苦""慢""差"等关键词，再逐条进行分析，归总后反馈至各部门，并要求相关部门在2日内追溯到该名主人，对其进行道歉并解决问题。

三只松鼠人格化的营销方式让它收获了消费者的忠诚度和满意度，也让它赚得盆满钵满。2022年它的营收已经超过了70亿元人民币，稳稳地成了坚果界的扛把子。

总而言之，如今消费者越来越重视体验感、参与感和存在感，所以，品牌可以像三只松鼠一样，运用人格化的营销方式让消费者爱上自己，忠于自己。

第六章

塑造好品牌形象,做好品牌IP人格的视觉化演绎

设计品牌形象，切勿踏入这几个误区

1960年9月26日，美国举行了历史上第一次总统选举电视辩论赛，肯尼迪和尼克松同时登上了政治顶峰并由此展开了较量。民意调查结果显示，尼克松获胜的概率大大超过肯尼迪。知道有了获胜的把握后，尼克松放松了警惕，对辩论比赛不再上心。

在上电视前，他拒绝化妆，而且还随意地穿了一身皱巴巴的灰色西装，而肯尼迪依旧光鲜亮丽地出现在众人的面前，饱满的精神状态无不在向大众宣告着他对此次辩论比赛的认真态度。一个半月后，尼克松以0.2%的劣势输给了肯尼迪，这一结果震惊了所有的人。后来，针对这一现象，社会心理学家展开了研究，结果显示，尼克松落败的原因在于他没有重视自己的个人形象。

一个人的形象，就是他的一张名片，不好的形象会给人一种糟糕的感觉，让人产生疏离的想法，而好的形象又会让人心生喜欢，从而更加愿意亲近你。其实，这样的思想和观念放在品牌管理上也同样适用。

品牌如果不重视形象，就无法给消费者留下一个良好且深刻的印象，那么品牌很容易就会被消费者抛之脑后，最后基本没有购买你产品的可能。

但是有些企业意识到品牌形象的重要性，也为自己的品牌设计了 IP 形象，可是效果并没有自己预想得那么好，而且，不管自己怎么卖力宣传，依旧在市场上掀不起波澜，消费者并没有为此埋单。那么，很有可能是 IP 形象设计者踩了这几个雷区。

1. 舍本逐末，为了形象而形象

很多企业非常重视对品牌 IP 形象的构建，但是在经营、管理、技术和产品质量方面不上心。这样的做法是错误的。如果企业忽略了这些最根本的问题，那么品牌形象就犹如无根之木，无源之水，失去了支撑它的根本力量，最后肯定也会遭到背弃。

2. 品牌形象设计以自我为中心

企业在设计品牌形象时要考虑的因素非常多。首先，要针对目标受众的需求和喜好，这样才能引起他们的共鸣和认同。其次，要体现品牌的价值和意义。同时，还要做好市场调研和竞争对手的分析，这样才能将品牌形象设计得更全面。不过，很多设计者没有考虑这些问题，而是以自我为中心，将自己的喜爱和审美作为设计品牌形象的依据，这样设计出来的东西很难打动消费者。

3. 过度依赖视觉元素

很多人单纯地认为品牌形象只需要依靠一些视觉元素就能完成，其实这样想会使设计出来的形象过于单薄，或者缺乏深度。一个成功的品牌形象，不仅需要视觉元素，还要结合语言、行为和体验等多个方面的元素。

4. 随便更改 IP 的形象

有些企业会把产品销量下降的原因归结到品牌形象上来。于是急匆匆地重新修改品牌形象，最后不仅白白浪费了时间、精力和金钱，品牌形象还被搞得一塌糊涂，使得消费者对频繁更改的品牌形象没有留下深刻的印象。

5. 一味拔高品牌

有些品牌为了更好地赢得消费者的欢心，过度美化品牌。最后，因为虚假宣传，不仅遭到消费者的投诉，还惹上了官司。这样的行为不仅不利于品牌形象的建设，还会给品牌抹黑，最后得不偿失，白白糟蹋了自己的声誉。

6. 塑造 IP 形象浅尝辄止

好的品牌形象需要持续的优质内容输出来维持，这样才能不断地加固自己的标签，让消费者记住，否则品牌很难在短时间内在消费者心中留下深刻的印象。

比如，韩国有一家名叫 Line 的通信公司，偶然一次机会，他们推出一些表情包，突然就大火了，Line 这个品牌也受到了前所未有的关注。为了维持自己的热度，Line 鼓励用户参与表情包的制作，并且制作出来的表情包还可以发布到平台上。有了这个互动环节，用户与品牌的关系越来越亲密了，用户的忠诚度也变得更高了，而品牌的知名度也随着用户的增多而变得越来越高。

7. IP 形象一成不变

前面我们虽然说过，IP 形象不应该随便改变，但这并不意味着它就是一成不变的。

比如，近年来，随着欧美社会主流价值观的变化，巧克力豆品牌 M&M's 就将六个 M 豆的形象做了一些适度的调整。它们弱化了绿豆和棕豆的女性特征，将棕豆原本穿着的细高跟鞋换成了粗高跟鞋，而且，还给它戴了一副新的眼镜。而绿豆的变化更大，它脱掉了高跟鞋，换成了平底运动鞋，原本婀娜多姿的招牌动作也换成了双手叉腰的动作，使女性化的特质明显减弱。而且它们原本光着的腿穿上了裤袜，而且新鞋看起来更有质感。M 豆这一次的形象变化，为的就是打造更具包容性及归属感的品牌形象。

最后，品牌形象是一个长期战略，不是一蹴而就的，所以大家一定要保持良好的心态，要不急不躁，持续经营，否则品牌形象容易缺乏稳定性和持久性。

塑造品牌形象需要遵守的六个原则

如何正确塑造品牌形象，一直是企业家和创业者们关注的问题。很多人因为缺乏这方面的正确认知，走了不少弯路。下面，我们为大家详细介绍塑造品牌形象需要遵守的六个原则。

1. 系统性原则

品牌形象的塑造是一项非常复杂的工作，在此过程中，需要制订周密的计划，科学的组织，各方面的积极配合。另外，企业的各项资源（人、财、时间、信息、资金等）也要优化组合，这样才能将这项宏大的工程顺利完成。

英国的营销学者彻纳东尼认为，企业要使所有的员工都理解品牌的含义，使所有的员工都能认识、理解、描述自己的品牌形象，这对实施品牌战略的企业，尤其是实施品牌国际化的企业来说，是一个非常重要的问题。只有众多员工达成共识，才能使不同领域的角色融为一个整体，使不同部门的成员向着一个方向努力。

由此可见，塑造品牌形象是一个系统性的任务，所有人都得积极参与，积极推动，这样品牌形象才能牢固地树立在消费者的心中。

2. 一致性原则

在前面的内容中，我们也讲到塑造品牌形象要结合品牌的价值观和品牌的文化内涵，要与他们保持一致，否则设计出来的东西无法打动消费者，更无法让消费者和品牌建立有效的情感链接。

另外，品牌的名称、标志物、标志字、标志色、标志性包装的设计和使用必须保持一致，不能随意改动，即便是同一家企业的同一个品牌在不同的地区和国家都要保持一致。

3. 创新性原则

要想让品牌具有竞争优势，在塑造品牌形象的时候就不能循规蹈矩，不能设计一些很老套无法打动消费者的东西。品牌只有坚持创新性原则，对品牌形象所包含的内涵和外延进行创新，才能确保自身的地位不动摇，才能获得消费者始终如一的忠诚。

比如，一般的运动品牌所体现出来的都是"倡导个人奋斗、挑战自我"的形象，但是美国运动品牌 UA 却塑造出"智能的、富有技术的、团队协作"的全新形象。这和耐克的"Just do it"，阿迪达斯的"没有不可能"，以及安踏的"Keep Moving"相比有极大的区别。

再如，过去新飞冰箱的广告语是这样的："新飞广告做得好，不如新飞冰箱好"。这句脍炙人口的广告语相信很多人都听过。后来消费者的需求趋向多样化，所以新飞又推出了空调、酒柜、展示柜等一系列产品。现状的改变迫使新飞对自己的品牌形象进行调整和完善，所以，它的广告语变成了"新飞倡导绿色生活"，这样富有科技感又紧跟时代的话又一次牢牢锁住了消费者的心。

4. 可信性原则

前面讲过，品牌形象要想长久树立下去，我们在设计之初就应该具备一定的可信度，不要在品牌形象设计的时候随便许诺做不到的事，否则会消耗消费者的信任度和忠诚度。

香奈儿曾经在官网上推出两款名为"香奈儿奢华精粹乳霜""香奈儿光彩晚安修护面膜"的产品，后者没有"抑制黑色素"的功效，前者也无"色斑淡化"功能,但是它的广告宣传语上却堂而皇之地把这些词汇放上去了,导致公司被监管部门罚了 20 万元。这种失信行为既违反了可信性原则,同时也损伤了自己品牌的声誉。

5. 情感性原则

我们知道企业之所以树立品牌形象,就是为了提升消费者对品牌的忠诚度和口碑效应。为了达成这一目的,我们在塑造品牌形象的时候一定要融合进一些情感因素,这样才能让消费者和品牌建立起情感连接。就像诺贝尔经济学奖获得者丹尼尔·卡尼曼说的那样:比起理性,情感才是经济行为更重要的决定因素。只有用情感化设计来塑造品牌,才能创造独特的品牌形象,从而打动消费者的心。

比如,可口可乐的"尽享一杯流动的欢乐",娃哈哈的"喝了娃哈哈,千家万户笑哈哈",红豆衬衣的"款款情谊,红豆衬衣",这些都是品牌情感化的具体体现。

6. 特色性原则

如今同类产品在市场上铺天盖地,如果你的品牌形象做不到独树一帜、独具特色,那么很难让消费者一眼就注意到你。所以,在树立品牌形象时,切勿模仿抄袭、步人后尘的行为不会有出路,只有在质量、服务、技术、文化和经营等方面寻找灵感,表现自己的独到之处,才能更好地吸引消费者的眼球。

比如,农夫山泉的广告语是:"农夫山泉有点甜。"依云矿泉水的广告语是:"来自阿尔卑斯山底。"前者强调的是口感,后者强调的是水质的来源,以及水质天然、健康的属性。这样的宣传,可以让自己的品牌形象保持差异化或者个性化。

以上就是塑造品牌形象需要遵守的六个原则。品牌形象的塑造不是一朝一夕就能完成的,前期需要投入大量的时间、精力和金钱,所以大家一定要有坚持不懈的精神和付出锲而不舍的努力,否则无法收获丰硕的回报。

根据目标人群的喜好,确定 IP 主题形象

众所周知,品牌 IP 形象针对的是目标消费群体,所以他们的审美和喜好是我们在设计品牌 IP 形象时需要考虑的非常重要的一个因素。如果忽略了这个因素,那么设计出来的 IP 形象,消费者很有可能并不买账。

因此,企业在塑造品牌 IP 形象之前,要做好调研工作,以此了解目标消费群体的性格、年龄、性别、文化程度、所属的区域,以及日常生活状态,设计者只有对整体趋势做出规律性的总结,才能为接下来的品牌 IP 形象塑造做好准备。

比如,一个服装品牌的目标人群如果是年轻的消费群体,那么它的 IP 形象应该融入活泼、快乐、时尚、潮流、青春等主题元素,它的品牌形象也应该是充满活力的。这样才能受到年轻人的青睐。

品牌的目标人群如果是社会精英或者商务人士，那么IP形象应该专业、正式、高档一点，品牌形象只有融入这些元素，才能获得这些高收入人群的喜爱和追捧。

品牌的目标人群如果童真童趣的孩子，那么IP形象的设计要融合天真、可爱、活泼且富有想象力的因素，这样才能更好地打动这些纯真可爱的孩子。

总而言之，目标人群的喜好不一样，IP主题形象就不一样，后者是由前者决定的。下面，我们以腾讯旗下电竞平台企鹅电竞的品牌IP形象设计为例，为大家详细地分析一下。

最初，企鹅电竞没有自己的专属IP形象，这导致它在宣传推广的时候没有合适的素材可以使用，时间久了，用户对这个品牌的认知也很少，很模糊。后来，领导层意识到了IP形象的重要性，便产生了塑造IP形象的决定。于是，他们展开了一系列的准备工作：首先，收集用户在游戏平台上留下的弹幕；其次，运营者根据弹幕关键词里反映出来的用户行为和心智，来分析他们的年龄和日常行为；再次，利用这些信息综合提炼出用户的性格特征；最后，总结得出这样一个结论：目标用户大多属于二、三线城市的男性用户，而且他们对游戏比较痴迷，喜欢吐槽，不拘小节，内心深处埋了一个电竞梦。

搞清楚目标用户的基本属性之后，IP形象设计就有了基本的依据。因为企鹅电竞的名称里有"企鹅"这个动物，所以他们将"企鹅"作为主要的品牌IP形象。因为IP的设定需要在性格上和用户有一些呼应，所以这个"企鹅"被设计成了一个长了五官、手、腿的游戏机方盒子,这是一个拟人化的形象。他们在这个 IP 形象上还添加了一些游戏的属性。经过一系列的调研和筹划,一份企鹅电竞的 IP 形象就被展示了出来。

名称全称:小方鹅 CUBIE;

性格设定:游戏控 / 自大狂 / 爱吐槽;

角色介绍:怀揣电竞梦想的少年,对游戏热爱并且执着;但打游戏技术很差,属于"自评王者"选手,认为自己技术一流,在游戏中经常吐槽和坑队友;除了打游戏,最喜欢吃海鲜味的泡面……

针对用户:企鹅电竞产品的主播和粉丝用户;

形象定位:提升母品牌传播力,提升用户认知,解决线上线下推广痛点。

总而言之,目标人群的喜好是设计品牌 IP 形象的关键因素。我们只有了解了他们的喜好,才能为 IP 主题形象的确定提供有力的依据。具体来说,目标人群的基本属性可以通过用户反馈、市场调研、社交媒体、竞品分析等方式获取。

运用好视觉元素,构建一个成功的品牌形象

一个人想要获取信息可以通过三种方式,一种是视觉,一种是听觉,

一种是感觉。而且，据科学研究表明：视觉占了70%的比例，听觉则占了20%的比例，感觉占了10%的比例。所以，树立品牌形象，一定要从视觉元素展开。

视觉元素是品牌形象的重要构成部分，是传递品牌信息最重要、最直接的手段。视觉元素运用得好，可以赋予消费者一种新的视觉体验，在无形中与消费者进行无声的沟通，可以很好地拉开品牌与同类竞品的差距，也有利于品牌形象的塑造和提升。

因此，视觉元素在品牌形象塑造中起着很重要的作用，一般来说，视觉元素应包含以下几个方面。

1. 品牌标志

品牌标志通常是由一个图形或者文字构成的，它代表了品牌的身份和形象，是品牌的基础符号，也是品牌的核心标识。一般来说，图形标志应该具有易识别、易记忆、美观的特点。在设计品牌标志时要充分考虑品牌的特点、目标用户，这样才能更好地将品牌的核心信息传递出来。

举个例子。汰渍的标志是由多个圆环、一个英文字母"Tide"和中文"汰渍"组成。这里多个不同颜色的圆环代表着靶心，而冲出重重圆环的大型字母意味着汰渍可以快速精准去除污渍，顽固污渍和角落污渍也不在话下。体现了汰渍"快速去污"的核心价值主张。

2. 名称文字

名称文字是品牌形象的构成部分之一。一般来说，品牌的名称文字既要满足阅读功能，又要读起来显眼醒目，易于识别。另外，字体的样式也要凸显品牌的独特个性，这样才能吸引消费者的眼球。

比如，迪士尼的IP形象的名字叫"米奇"，这个名字一点也不复杂，很方便消费者记忆和识别，同时，它也凸显了迪士尼作为儿童娱乐品牌的一种属性。

一般来说，超级品牌通常有如下几种命名的方法：

（1）将品牌和顾客联系在一起，以此获得顾客的认同。比如，"娃哈哈"这个品牌，一看名字就知道是服务孩子的；而"太太口服液"这个品牌，服务的是女性。

（2）从数字入手，给品牌一个好的寓意，或者阐述品牌的服务特色。比如，"三九企业集团"里有三个九，"999"，象征着健康长久、事业恒久、友谊永久。

（3）从人名入手，给品牌一个称号。比如，"福特""乔丹""李宁""张小泉""戴尔"等。这样的品牌名称具有很强的宣传能力，能够迅速地提高品牌的知名度，打响品牌名声。

（4）以产品的功效命名。比如，"飘柔"洗发露，这样的名字一听就让人感觉靠谱，仿佛使用之后头发会变得柔顺飘逸。再如，"速效救心丸"，这个名字直截了当，一听就知道是用来医治有心脏疾病的用户。

（5）中英文联合。品牌的名字里夹杂着中文和英文。比如，"Hisense海信"，这里的"Hi"是高的意思，"sense"有感受、享受的意思，二者连起来代表着"高品位""高享受""高科技"。而中文商标"海信"则源于"海纳百川,诚信无限"。中英文糅合在一起,不仅包含了品牌独特的意义,同时又让品牌具有音韵和谐的美。

(6)用地域命名。比如,"宁夏红""青岛啤酒""北京烤鸭""周口鸭脖""西湖龙井茶""云南烟草""东北人参"等。这些品牌带有地域名词,表示该产品具有一定的资源优势,很容易获得消费者的信赖和青睐。当然,这种命名法也有一定的局限性,首先,它不利于品牌更大范围地扩展和传播;其次,很容易引起品牌形象的混乱,以及商标的纠纷,更不利于消费者记忆和识别。

(7)"蹭名"法。比如,"美立方""水立方""变频蒸立方"等,这些品牌通过"蹭"的方式获得一定的关注度,对于品牌的宣传推广有一定的作用。

(8)谐音法。比如,"吃湘喝辣""非常静距离""帮宝适""赵本衫""泻停封""掌生谷粒""举个栗子""盒马鲜生""谷歌""奔驰"等。有的品牌以名人明星名字的谐音命名,有的以成语或俗语谐音命名,还有的国际品牌采用谐音音译的方式进行本土化命名。这种命名方法既可以传递品牌的特色和形象,又能够引起消费者的共鸣,还可以帮助品牌在市场中脱颖而出。不过,以谐音命名的品牌也存在一些潜在的问题和风险,轻则引起消费者的理解偏差,重则涉及侵权问题,引起法律纠纷,最后品牌还得承担经济损失。

(9)形象法。即在为品牌命名时取材于外界丰富的动物、植物和自然景观。比如,"七匹狼""圣象地板""竹叶青"等。这种命名方法不仅带给消费者无限的联想和亲切的感受,更能迅速提升企业和品牌的知名度。

(10)价值法。即以企业追求的凝练语言为品牌命名,使消费者看到产品品牌,就能感受到企业的价值观念。比如,"万达集团""兴业银行""盛大网络"等。这种命名方法不仅能给消费者传达企业所倡导的价值观和文化,还能增强消费者的信任度。

总而言之,不管企业采用哪种方式命名自己的品牌,其最终目的都是为了降低传播成本、使用成本和营销成本。

3. 色彩

心理学研究表明,颜色在感知上发挥着非常重要的作用。所以,企业在做品牌形象设计时,一定要选择恰当的色彩,这样才能建立品牌的氛围,连接好与消费者之间的感情。

比如,珠宝品牌蒂芙尼采用的是蓝绿色,这种独有的色彩贯穿全球各地蒂芙尼每一家专卖店。这个色彩非常亮眼,辨识度极高,它代表着优雅和美丽。这种极强的视觉吸引力塑造了独一无二的蒂芙尼。

再如,美国化妆品品牌 Glossier 被誉为"彩妆界的先锋",它之所以被很多人喜欢,得益于其成功的形象塑造和色彩的搭配。人们走进它的店面,一股温馨的暖粉色扑面而来。粉色石膏墙、粉色陈列柜、红色台阶、红色真皮沙发等,整个店铺采用的是品牌专用色"Glossier Pink"。因为这个品牌的店铺色彩设计独特且温馨,所以它们很快成为消费者拍照必去的网红景点,而这个品牌也因为人们的传播变得家喻户晓。

4. 图形

图形的选择与品牌形象所传递的信息紧密相关。通常来讲，高品质的图标设计得都很简约、大方、清晰。

5. 插图

因为品牌形象是一个统一的整体，所以大家在设计的时候要让自己的插图和品牌形象里的其他元素保持一致的风格。

以上就是设计品牌形象时需要用到的视觉元素。这些元素可以单独使用，也可以组合使用，最终目的都是争夺消费者的心智资源，从而促使其对自己品牌的产品产生消费。

下面，我们以携程的全新IP形象YoYo为例，分析它的视觉元素的运用，以及内含的深意。

首先，携程的标志性图标是一只圆润饱满的小海豚，它的名字叫YoYo。从面部五官来看，它的嘴巴是W形的，脸颊两处还有两抹很自然的橙色的腮红，下巴是微包的形态，五官整体看起来很紧凑。它身体的线条既圆润又流畅，非常可爱，且给人一种很有亲和力的感觉，这无形中拉近了品牌与消费者的距离。

其次，两根微微上扬的短短的眉毛暗示了品牌坚毅的精神内涵。另外，微微弯曲的尾巴凸显了YoYo生动俏皮的特点，提升了品牌的识别度，又加强了消费者对IP形象的认知。

再次，携程在保持形象一致的前提下，还进行了多种风格的延展，有的适用于情感化的展示场景，有的适用于功能化的场景，有的适用于多元化的受众。尤其是 3D 立体的 YoYo 给消费者带来了更多视觉上的震撼。

最后，为了更好地将品牌形象渗透到消费者心里，设计人员还专门为 YoYo 打造了一套 Emoji 表情，每个表情都栩栩如生，可爱至极，给消费者带来丰富有趣的互动体验。

以上这些视觉化的元素帮助携程一点点地和消费者建立起情感的纽带，久而久之，消费者对携程的品牌形象烂熟于心，并且在需要的时候第一时间就会想到携程。

总而言之，视觉元素是塑造品牌形象最重要的方法，大家在使用这些元素打造品牌形象时，要在保持本质形象的基础上不断地深入或者补充，这样才能创造出顺应时代潮流的、好的品牌形象。

盘点品牌形象的八大传播方式

一家企业要想提升知名度和美誉度，离不开品牌形象的传播。如果缺乏恰当的营销手段和有效的传播方式，那么消费者很难了解到品牌的相关信息，更加无法对品牌形成特定的认知，并使其在需要的时候购买该品牌的产品。

下面，我们一起盘点品牌形象的八大传播方式，希望给品牌的运营者提供一些营销的思路。

1. 广告语传播

广告语，又称为广告口号，或者广告标语。它是为了吸引消费者，通过简短且具有吸引力的文字或语言来介绍产品或服务的特点和优势，以激发消费者的购买欲望和行动。好的广告语可以向消费者传递产品和品牌的核心概念，也可以展现产品或者服务的独特卖点，还可以向消费者传递品牌的形象。

就像奥格威所说的那样："每一则广告都是对产品品牌形象的长期投资。"所以，我们一定要把握好这个传播途径，从而让更多的人认识到品牌。

具体来说，品牌的策划运营者应该怎么做才能写出好的广告语，才能更有效地达到传播的效果呢？事实上，广告语可以采用多种修辞手法。

（1）比喻。著名文学理论家乔纳森·卡勒说过："比喻是认知的一种基本方式，通过把一种事物看成另一种事物而认识了它。也就是说，找到甲事物和乙事物的共同点，发现甲事物暗含在乙事物身上不为人所熟知的特征，而对甲事物有一个不同于往常的重新的认识。"

品牌广告语采用比喻的修辞手法，可以让用户体会到广告里描述的产品优势，体会到品牌的精神内涵。比如，方太厨具的广告文案："妈妈的味道，是你回家的路标。"

（2）拟人。拟人就是把事物人格化，将本来不具备人的动作和感情的事物变成和人一样具有动作和感情的样子。品牌的广告语通过拟人的修辞手法可以生动形象地写出某产品的某个特点，让消费者对品牌的形象有具象化的了解。比如，飞利浦剃须刀的广告文案："做人就像剃须，进退都得拿捏好分寸。"长城葡萄酒的广告文案："三毫米的旅程，一颗好葡萄要走十年。"

（3）对比。采用对比的修辞手法，目的就是为了突出主要事物，是用类似的事物或反面的、有差别的事物作陪衬的词格。使用对比的修辞手法可以更好地凸显广告里的主体对象。比如，新飞电器的广告："新飞广告做得好，不如新飞冰箱好。"海王银杏叶片的广告语："30岁的人，60岁的心脏；60岁的人，30岁的心脏。"

（4）夸张。使用夸张的修辞手法，是为了达到某种表达效果的需要，它是对事物的形象、特征、作用、程度等方面刻意夸大或缩小的修辞方式。虽然如今的政策不允许广告语里包含一些夸张的说辞，但是缺少了它的存在，广告语所表达的效果会明显地受到影响。比如，北极绒保暖内衣的文案"地球人都知道"。这种"言过其实"的表达可以更加有力地表达品牌的某个特性。

（5）顶真。陈望道在《修辞学发凡》一书对顶真的解释是："顶真是用前一句的结尾来做后一句的起头，使邻接的句子头尾蝉联而有上递下接趣味的一种措辞法。"顶真可以让广告读起来朗朗上口，从而给消费者留下深刻的印象。比如，微信的广告语："世界再大，大不过你我之间。"

保健品脑白金的广告语："今年过年不收礼，收礼还收脑白金。"

（6）双关。在一定的语言环境中，利用词的多义和同音条件，有意使语句具有双重意义。这种言在此而意在彼的修辞手法叫作双关。在广告中，利用这种双关的修辞手法，可以更加含蓄幽默地表达品牌产品的特性，给消费者留下难忘的印象。比如，护肤品大宝的广告语："要想皮肤好，早晚用大宝。"广告里的"早晚"既可以理解为"迟早"，也可以理解为"早上和晚上"，表明了使用大宝的必要性。

（7）反复。它是写文章时有意让一个词语、句子或段落重复出现的修辞手法，有增强语气或语势，及起到反复咏叹、表达强烈情感的作用。举个例子，今麦郎方便面的广告语是这样的："弹得好，弹得妙，弹得味道呱呱叫。"反复几个"弹"字写出了方便面的筋道，有嚼劲。大宝的广告文案则是："大宝明天见，大宝天天见。"这句话意在告诉消费者，大宝是每日必须要用的产品。

当然，在广告语中可用的修辞手法还远远不止这些，大家在宣传的时候可以根据品牌的特性选择合适的修辞手法，这样消费者可以在生动且寓意深刻的广告语中更加深刻地体会到你想表达的意思。

不过，运营者不管采用哪种表达方式写广告语，都要确保它的内容准确、言简意赅、重点突出，给消费者留下一种舒服的感觉，这样才能让品牌形象更好地传播。

2. 体验传播

体验传播就是指消费者亲身体验产品或者服务后加深对品牌的认

知和好感，并且，消费者在认可品牌的基础上，将品牌传播出去。具体来说，我们可以为消费者设置一些有趣的互动环节，为他们提供高质量的产品或者服务，或者通过公关活动、社交媒体等平台将品牌的核心价值观植入消费者的心里。这样可以加深消费者对品牌的体验，也可以让消费者在体验的过程中感受品牌的价值理念和形象魅力，从而加深与品牌的情感连接，最后成为品牌的忠实拥护者和传播者。

3. 移动互联网传播

如今，随着手机的普及，移动互联网作为一种全新的传播途径和平台，正在发挥着重要的作用。

有了这种传播方式，消费者可以随时随地接收到关于品牌和产品的信息，不再受时间、地点的限制。另外，利用移动互联网，广告传播形式不受限制，我们可以通过图片、文字、声音、短视频等形式即时生产，即时上传，即时传播广告。另外，随着大数据、云计算等新技术的兴起，品牌广告投放更加精准了，即使在移动互联网上，品牌广告也能被精准投放给合适的人群，从而大大减少了沟通的成本，降低了营销的预算。

4. 电视广告传播

这曾是品牌传播的主流渠道，如今依旧有很多大品牌依靠电视广告的传播为自己树立品牌形象。一般来说，电视广告分为"硬广告"和"软广告"两种。前者是指企业为品牌或者商品专门制作的广告片，营销意味很浓，比如"怕上火喝王老吉""挖掘机技术哪家强，中国山东找蓝翔""今年过节不收礼，收礼只收脑白金"，这些是直截了当地宣传品牌和产品。后者指以专题节目形式出现的广告，比如康美药业制作的音乐电视广告《康美之恋》。

另外，电视广告按照播出的方式又分为插播式、节目式、赞助式、转借式。品牌在利用电视广告传播自己的形象时，可以接触到更多的受众，可以全面调动消费者的视听觉器官，从而让消费者对品牌有一个全面而具体的了解，而这种传播方式的缺点在于制作费用高、信息量有限、制作过程复杂、传播效果有限等。

5. 包装传播

这是一种最直观的形象感受。运营者在给品牌产品做打包的时候，选择什么样的材质，设计什么样的造型，打造什么样的风格，都关系着消费者对品牌的印象。所以，企业在利用这种方式传播之前，要做好包装设计，一定要保证它既能传递品牌的理念和文化，又能吸引消费者的眼球。

6. 明星传播

明星有很强大的粉丝基础，所以在做品牌形象传播的时候，很多商家都把营销任务锁定在明星身上。选择明星代言产品确实可以让消费者迅速认识品牌，帮助品牌快速打开知名度。另外，品牌和明星绑定之后，也可以利用明星效应拉近消费者与品牌的距离，加深消费者对品牌的记忆和联想。另外，消费者对明星的忠诚有可能通过代言转嫁到品牌身上。

这些都是选择明星传播的好处，但不足之处在于明星可能有负面新闻，一旦他们的人设崩塌，那么品牌的形象也会跟着受损。

此外，我们也要注意，明星的个性、气质、形象等要和品牌的内涵相符，否则会有一种违和感。并且，不是所有的品牌都适合请明星代言，尤其是那些科学性、专业性比较强的品牌和产品，因为明星本身可能在科学或专业方面的说服力不足，很难让消费者信服。

7.纸媒传播

纸媒，传统意义上是指报纸、杂志等以纸张为载体的媒体。但随着电子媒体的兴起，纸媒的影响力正在逐渐变弱。

不过，纸媒依旧有不可替代的优势：专业化的新闻队伍、广阔的信息渠道、长期形成的品牌、丰富的经验，这些是一些互联网营销人员无法具备的。所以，纸媒是不能被数字化媒体完全取代的，不过在新媒体时代，纸媒也在改变，开始走媒介融合之路。

8.户外传播

顾名思义，就是将品牌信息投放到室外的公共场所进行展示。比如，商场外、高速公路旁的广告牌。不过，随着技术的革新，品牌方在展示品牌形象的时候还可以加入VR技术，建立以"VR+内容+体验"为核心的新生态，这样可以给消费者带来更加震撼的视觉效果，从而加深他们对品牌的印象。

另外，利用户外传播的时候，广告牌上的文案一定要简短且富有新意，否则很难吸引到过路的人。比如，"欣大百货六楼，好吃的自助餐，联系电话：××××××××××。"这则广告写得简洁明了，交代了关键的信息：联系方式和经营的内容，它告诉消费者想吃自助餐，到这里就对了！如果找不到地方，你可以拨打联系电话获得详细信息。另外，文案里还加入"好吃"两个字，强调了品牌产品的优势，对喜欢吃自助餐的消费者而言是一个大的诱惑。

再比如，某商场外贴着一张华为的巨大宣传海报，上面写着："HUAWEI Mate60系列，聚力新生"旁边还印着华为手机的图片。这种广告的文字简明扼要，只是配了简单的文字和图片，并没有给消费者带来阅读的压力，所以大家也很喜欢这样的东西。

当然，除了极简原则，我们在利用户外广告牌传播的时候，还可以加入一些有创意的元素，以此吸引消费者的注意力。比如，位于荷兰阿姆斯特丹市中心的麦当劳推出了一面"快乐墙"，墙上安装了20个可旋转的小风车，每个风车都代表着一种不同的情绪，人们靠近它时，这个风车会旋转并展现出某种情绪。这种有创意的户外营销方式，为麦当劳获得了很大的关注度，也增加了人们对该品牌的关注。

总而言之，塑造好的品牌形象需要通过一定的传播来实现，否则消费者无从知晓。如果缺乏这些传播，品牌形象即使再完美，也起不到该有的作用。正所谓，"酒香也怕巷子深""皇帝的女儿也愁嫁"。品牌形象只有经过广泛的传播，才能进一步提升品牌的影响力和企业的经济效益。

第七章

做好IP化运营,推动品牌的建设和发展

品牌 IP 化运营的几个重要意义

在前面的章节中，我们了解到品牌 IP 化作为一种全新的品牌塑造方法和表达方式，需要兼顾代言、销售、输出表达等多方面的内容，这样才能更持久、更优质地升级品牌资产。但如果顾此失彼，那么品牌 IP 化将达不到理想的效果。在这种情况下，品牌 IP 化运营显得尤为重要。

那么，什么是品牌 IP 化运营呢？它是指将一个品牌打造成独特的品牌形象，使其成为一种无形的资产，并通过授权的方式将其转化为可以收益的资产。品牌 IP 化运营不仅可以帮助品牌从多个方位触达消费者，还可以大大提高商业效率。

而且，在品牌 IP 化运营的过程中，可以为品牌融入新的血液，加入新的元素，从而使得品牌不被快速发展的市场环境所淘汰。品牌 IP 化过程不是一朝一夕就能实现的事情，在漫长的发展过程中，运营者需要根据市场变化，以及消费者的需求变化做一些改变。这个时候，品牌的文化内涵也会得到持续的传承和更新，与此对应的品牌形象、品牌故事、品牌宣发等的革新也会到来。品牌 IP 融入新的元素，注入新的活力，自然会吸引更多消费者关注。

此外，品牌 IP 化运营还可以整合品牌与 IP 渠道的资源，从而促进产品的宣传和销售，最后为变现打好基础。

比如，在品牌 IP 化的运营过程中，运营者将品牌和 IP 的社交媒体渠道相互整合，互相宣传推广，从而扩大品牌的影响力。此外，运营者还可以将品牌和 IP 的线下渠道进行联动，在品牌店铺中引入 IP 形象，在 IP 的主题活动中夹杂着一些品牌的信息，从而实现了资源的共享和互补。

总而言之，在品牌 IP 化的过程当中，企业离不开长期的运营。品牌如果没有运营的助力，那么品牌的价值也得不到持续的提升，品牌的营销效果也会日益变差，最后渐渐失去竞争的优势，从而被残酷的市场环境所淘汰。

下面，我们以冰墩墩为例，为大家解析成功 IP 化的品牌是如何运营的。

首先，冰墩墩在冬奥会开幕之前，就与多家品牌合作，比如肯德基、安踏等，在合作的过程中，冰墩墩接触到了更多的消费群体，扩大了自身的影响力。

其次，冰墩墩开发了很多周边产品，比如徽章、钥匙扣、首饰、箱包、文具、毛绒玩具、T 恤、帽子、手套、围巾、袜子等，它们都印着冰墩墩的形象和标志。总之，冰墩墩的周边产品款式多样，分层运营，受到各个年龄阶段的欢迎。另外，它还紧跟热点，推出盲盒等多种玩法，激发了人们的购买热情。

最后，冰墩墩借势营销。冰墩墩的成功除了软萌可爱的形象外，很大一部分原因是借了冬奥会的势。作为冬奥会的吉祥物，它频繁出现在人们的视野里，运动员赛后采访、颁奖，以及运动员之间的互动都有它的身影。而且，冰墩墩的"真爱粉"也在极力推荐。在《人民日报》的冬奥赛事播报中，冰墩墩占据了重要话题版面，这都让大家借着这场热闹的赛事认识了冰墩墩。

总而言之，品牌 IP 的成功不是一件轻而易举的事，它需要运营者做多方面的考量，进行多方面的运作，才能使得品牌被消费者所熟知。

品牌 IP 化运营的三大板块

品牌 IP 化运营对于品牌的长期发展和竞争具有重大的意义。那么，作为一个运营者，从宏观角度来看，应该抓住哪些要点，才能让品牌 IP 化顺利进行下去。下面，我们为大家介绍一下品牌 IP 化运营的三大板块。

第一个板块，品牌力。品牌力是品牌 IP 化运营的核心要素，它存在的目的主要是为了凸显品牌的独特性和辨识度。而要让品牌有辨识度，就要给 IP 一个精准的价值定位。比如，《哈利·波特》将魔法世界与现实世界相结合，以主角哈利·波特的视角，讲述了他在魔法学校的成长故事，深刻地反映了人性、友谊、勇气和家庭等重要的价值观。这是它的价值定位。一般来说，给一个IP的价值定位，既要考虑品牌的核心价值，又要考虑目标受众，还要考虑竞争对手，它的最终定位是一个三者综合考量的结果。

第二个板块，文化力。文化力是品牌IP化运营的灵魂。它是消费者与品牌IP产生共鸣的关键所在。在品牌IP化的过程中，运营者一定要思考这些问题：IP长期运营的文化主题是什么？以什么样的文化内涵能牢牢抓住消费者的心？以什么样的文化主题打造IP故事，树立角色形象？衍生什么品牌产品？只要考虑好了这些问题，你的手里就相当于拿到了羁绊消费者心灵的绳索，你这边只要一抛一拽，消费者就可能被吸引，心里就会泛起涟漪。

第三个板块，生态力。生态力是确保品牌IP化持续运营的保证。一个IP要想运营得好，运营得持久，一定要建立一个IP的生态体系，将内容的生产、宣推、营销服务、售卖、衍生等每个环节组合在一起，最后形成一个有机的生态场。

举个例子，优酷旗下少儿视频软件"小小优酷"打造了一条集内容生产、宣推、营销服务、售卖于一体的少儿全产业IP化链路。在这条产业链上，它有能力自制作品，比如《缇娜托尼》就是该平台出品的内容。另外，它也有宣传销售的渠道。据说，"小小优酷"在线上自建了8家直营店铺，在线下布局了1200+个销售网点，并与天猫、淘宝、聚划算等平台合作。此外，它推出的IP还和其他品牌合作，合力打造一些周边产品，比如缇娜托尼与伊利新食机的合作，推出丰富的系列产品，从酸奶溶豆，到伊小菌米饼、伊小菌奶酪棒等；缇娜托尼还与力诚食品联合打造了 IQ 鳕鱼肠等。"小小优酷"凭借着庞大的生态布局获得了极高的经济效益。

总而言之，品牌 IP 化运营要获得成功，品牌力、文化力、生态力，三者缺一不可。只有品牌力掌好舵，文化力掀起浪，生态力设置好航线，IP 之船才能持续平稳地行驶下去。

与用户的互动是品牌 IP 运营的关键

打造品牌 IP 的根本目的就是建立品牌与用户的情感连接，二者连接得好不好，从品牌与用户的互动中就能看出来。

为了更好地搭建双方情感的桥梁，品牌领导者应该事先搭好互动的平台。比如，开一个公众号，也可以建立一个抖音号，还可以设立自己的官网和 App，这些都可以为品牌与用户的沟通交流打好基础。有了合适的交流平台，品牌就要多多关注用户的反馈，因为在他们反馈的意见里藏着他们的需求和爱好，品牌要根据他们的反馈进一步调整营销活动。当然，为了更好地加强双方的互动，运营者还可以主动设置话题，举办各种活动，引导消费者积极参与。

举个例子，网易曾经推出一款被人们认为很小众的游戏，名叫《第五人格》,刚开始大家并不看好它,觉得它没有什么潜力,可上线 10 天后就狠狠打了众人的脸。仅 10 天,日活跃用户数量突破 1000 万,这样惊人的成绩是众人未曾想到的。

这款手游的运营者后续不停地进行内容创新,给这个 IP 注入新的活力。首先,它合理化地调整了"非对称追逃"的玩法;其次,在庆典上推出了一个名为"孤月女校事件调查"的主题活动,这重重惊喜让老玩家新鲜感十足,让新玩家欲罢不能。也让这个"小众"产品,一跃变成了"自主 IP"。

总而言之,品牌 IP 运营的过程中,少不了内容的创造和用户的互动,只有二者并驾齐驱,共同发力,品牌 IP 才能更持久、更深入地运营下去。

避开品牌 IP 运营的六大陷阱

人们都说商场如战场,在商场厮杀,企业面临的压力也在日益增大。很多品牌为了在竞争激烈的市场环境中分得一杯羹,纷纷走上了品牌 IP 化之路。可品牌 IP 化的运营又是一个复杂的问题,企业在实践的过程中,难免因为一些运营失误,而招来失败的结果。下面,我们为大家总结品牌 IP 运营的六大陷阱。

1. 把IP和企业VI混为一谈

企业VI是企业形象，具体包括企业的宣传标识、色调、字体、商标等。它是企业形象的视觉化呈现，也是消费者体验企业文化的重要渠道。企业VI是以一种具象化的方式塑造企业形象，展示企业的文化。而企业IP即企业的知识产权，具体来说，它是企业利用吸引人的标签化的符号来实现品牌价值传递和变现的一种手段，这个IP可以是企业的领导者，也可以是孵化出来的虚拟的形象。二者的概念有本质的不同。有人把企业VI比作修建好的房子，把IP比作亲手建房子。这样的比喻很贴切地形容了二者的关系。

2. 把IP当作一个普通玩偶

企业如果把IP只是当作一个普通的贴纸或者玩偶，没有赋予它灵魂，没有赋予它精神内涵，那么它根本无法让消费者感知价值，也无法和消费者达成灵魂的交流和基本的信任。所以，要想做好品牌IP化的运营，首先需要塑造一个血肉丰满且有生命力的角色。

3. 把IP的价值观当成世界观

IP的价值观，是指IP所体现出来的对某个事物的追求。这些价值观可以获得某个特定群体的认可，并且让人们对品牌形成根深蒂固的认同感，最终使得品牌IP具备了传播的深度和广度。而世界观是哲学的朴素形态，指人们对整个世界的总的看法和根本观点，包括自然观、社会观、人生观、价值观、历史观。从定义上看，二者就有本质的不同。

4. 把 IP 作为价值观的传声筒

IP 虽然可以传播一些价值观，但是它的价值观是在特定的文化背景和时代背景下创造出来的，它可能会根据创造者和文化背景的改变而改变，也会为了迎合市场需求和受众喜好而变化，所以它不能和个人的价值观画上等号。

5. 在 IP 化的过程中搞面子工程

有这样一句话，改变自己有很多方式，从外到内只是流于形式，从内到外才是成长。这句话同样适用于品牌 IP 化。有些品牌在运营的过程中，只在乎表面功夫，忙着在各个平台上做宣传，但是不从产品、渠道和服务等内部入手，不对品牌 IP 形象进行改造和完善，这样的品牌无法得到真正的成长，也无法取得好的销售成绩。

6. 在 IP 上加广告语

从品牌 IP 化的概念中，我们就可以发现，它和普通的广告有很大的区别，所以它不需要附加广告语，因为它是通过角色、情境、故事内容与消费者产生情感共振，从而实现品牌植入。

以上就是企业在品牌 IP 化过程中最容易落入的六个陷阱。大家在运营的过程中，一定要避开这些雷区，只有用正确的方式运营，才能取得理想的销售成果。

这才是打开品牌 IP 运营的正确方式

在了解了运营误区后,我们给大家介绍几种品牌 IP 运营的正确方法。

1. 将 IP 与产品、渠道和服务紧密结合

在前面的内容中,我们阐述过一个企业要想有长远的发展,必须从内到外真正地成长起来。而这里的"内"主要指产品、渠道和服务。企业只有将 IP 和产品、渠道和服务紧密结合,甚至将产品、渠道和服务发展成 IP,品牌的价值才能有质的提升。

(1)产品 IP 化包含了三种策略,具体如下。

一是产品内容化。让产品成为内容的载体,使其不断产出新的内容。这种情况适合一些快消品。比如,M&M's 品牌刚创立六个 M 豆的角色时,并没有足够的预算去推广它们,只能先将红豆和黄豆作为主角推向市场。后来,随着品牌的强大,它们才有能力将六个角色全部营销出去。并且,在营销的过程中,它们先是用 M 豆这个载体创造出很多有创意的内容,然后通过内容塑造出来的品牌精神和消费者建立情感的连接。

二是产品情景化。把产品融入一个具体的情境中,让消费者更好地

理解和感受产品的价值。举个例子，M&M's 在早年有一个非常经典的广告：女孩想要男孩拿一些巧克力豆给她吃，男孩打开冰箱说了一句："快到碗里来。"结果，调皮的 M 豆却拿着东西砸男孩，它一边砸，一边生气地说："你才到碗里去！""就不能换个大一点的碗吗？"在这里，也许很多人表示疑惑，为什么 M 豆会有这样的反应呢？其实，品牌方就是想通过这个情节表达产品的价值和特色。"你才到碗里去"表达的是对男生拿碗的不满，M&M's 主打的就是"只融于口，不融于手"的特性，而男生拿一个碗就是对 M 豆的价值"侮辱"："我明明在你手里不会化，为什么要拿碗装我！"后来的那句"就不能换个大一点的碗吗"，潜台词是："难道我不好吃吗？为什么拿个小碗装我。"这个广告通过一个小小的生活情境，却精准地投射出产品的价值和特性。

三是产品道具化。将产品作为一种道具，以突出其形象和特点。

（2）渠道 IP 化的策略包括以下几种：直播带货 IP 化、社群营销 IP 化、用户关系 IP 化、地推的 IP 化等。

（3）服务 IP 化。根据目标用户和品牌自身的特点，创造新的服务模式，优化服务体验，构建服务生态圈，从而提升服务的品牌价值和市场竞争力。

2.建立与受众的共情关系

在品牌 IP 化运营的时候，我们需要深入了解受众群体，找到他们的共同点和相似点，然后总结出他们的情感需求，再根据他们的需求打造个性化的品牌体验，这样就能让品牌与用户建立起持续的互动和沟通关系，实现与用户进行情感连接的可能，并搭建起用户对品牌认知的桥梁。

3. 搭建与用户共享的情境

品牌 IP 化运营离不开情境的搭建。通常来说，这些情境包括品牌发布会、产品展示会、品牌活动、社交媒体互动和在线客服等。通过搭建的这些情境，用户可以更好地了解产品的特点和优势，更好地了解品牌的形象、定位，还可以为用户搭建更好的交流、沟通、互动、体验的平台，也方便用户更好地参与其中。另外，企业在搭建这些情境时可以借助互联网和数字化技术，这样可以更好地为用户提供情感交流的舞台。

4. IP 角色塑造

塑造 IP 角色是品牌 IP 化运营中很重要的一环，它是品牌 IP 化的核心，也是 IP 内容创造与互动的源泉。在塑造 IP 角色之前，设计者们要明确角色的定位，要保证角色有自己的人格魅力，同时也要构建好角色的故事背景，这样才能塑造出一个富有吸引力的 IP 角色。

5. 积攒素材内容

企业如果没有积累丰富的素材，那么品牌 IP 化运营就会受到影响。品牌 IP 化运营只有挖掘到足够的素材，才能制作出丰富的内容打动用户的心，丰富品牌的形象，增加品牌的吸引力。那么，这些素材从何而来呢？我们可以通过品牌的创业历程、文化理念、产品研发等方面创造一系列的品牌故事；也可以鼓励用户分享、评论、转发，积极反馈意见，最后设计者们整理并运用；还可以积极跟进和品牌或是和产品相关的社会热点话题,并且通过引导的方式让大家展开讨论,以此积攒话题,并提高品牌的影响力。

6. 沉淀符号

品牌 IP 化运营需要沉淀符号,并且这些符号需要具有独特性、辨识度和记忆性,只有这样才能让消费者通过这些符号永远地把品牌刻在他们的心里。在沉淀符号的过程中,我们不能一味地参考旧的文化母体,还要学会创新,要找到属于自己的新符号,这样才能吸引更多消费者的关注。

总而言之,在品牌 IP 化运营的过程中,我们要牢记这六个关键的问题,这样才能更好地提升消费者对品牌的认可度和满意度,从而进一步提升品牌价值和市场竞争力。

揭秘成功 IP 运营的三个关键点

品牌 IP 化,是一个品牌形象逐渐占领用户心智的过程。在此期间,品牌并非只是单纯地依靠产品和服务体现品牌的价值主张,而是通过制造内容和塑造人格化 IP 来表达这些价值主张。只要这一系列的 IP 化运营成功了,那么一个超级 IP 便有望诞生。下面,我们一起探索超级 IP 运营的三个关键点。

1. 品牌定位

品牌定位，是指企业在市场定位和产品定位的基础上，对特定的品牌在文化取向及个性差异上的商业性决策，它是建立一个与目标市场有关的品牌形象的过程和结果。品牌定位的目的就是将产品转化为品牌，以利于潜在顾客识别。好的品牌定位是品牌经营成功的前提，也是企业占领市场的先决条件。当品牌定好位之后，后续的品牌IP化就有了战略和方向，也有了行动的指南。品牌在宣传策划的过程中，可以以此为根据，实现品牌形象的差异化及人格化。

举个例子，《缇娜托尼》《小猪佩奇》《天线宝宝》虽然都是面向2—6岁学龄前儿童的认知启蒙动画，但是它们的定位各不相同。《缇娜托尼》的心智定位是儿童的社交；《小猪佩奇》的心智定位是儿童的全面成长；《天线宝宝》的心智定位则是儿童最基础的自我认知成长。三者定位不同，因此所阐述的核心价值观也不一样，它们的运营方法也各不相同。

2. 产品运营

2014年，一部名为《乐高大电影》的影片横空出世，令人深感意外的是，这部赤裸裸地包含乐高广告的电影竟然火了，大众对此一面倒地盛赞，该影片连续两周横扫北美3000多家影院。当然，这部被称为"史上最牛植入广告"的电影帮助乐高做了一次很好的营销推广，最后电影里所有的角色都成了知名IP角色。就这样，乐高收获了一大批粉丝。后来，乐高在IP角色的加持下，又制作了一些优质的内容，吸引了更多的粉丝加入。虽然在这部电影推出之前,乐高有了较为雄厚的粉丝基础,但是有了该电影的助力后,人们在这个虚拟的世界里找到更多有趣的IP角色,而且对这些角色的喜爱最后都化作源源不断的购买动力。乐高的这个案例便是产品运营的最典型代表。

3. 文化塑造

文化的本质是打造超级IP的核心和灵魂。IP有了文化内涵做支撑,才有可能让消费者产生情感的共鸣,给品牌带来更高的价值。所以,在品牌IP化的过程中,商家会借文化的"势",占领消费者的心智,让消费者从文化认同转为品牌认同,最后成为品牌忠实的拥护者。

举个例子,儿童动画《缇娜托尼》就确定了一个与众不同的文化主题"健康、安全、分享"。在确定了主题之后,运营人员围绕着这个主题开展了一系列的营销活动。

首先,他们在《缇娜托尼》的基础上又推出了《缇娜托尼全知道》短剧,将当下流行的短视频社交融入其中,帮助小朋友提升社交能力。

其次,《缇娜托尼》还推出主题为"一起为友谊上色"的系列活动,以"颜色"作为社交表达的视觉符号,以"上色"作为健康社交的方式,引导孩子建立正确的、积极的、有温度的社交观念。

最后,他们还走进儿童所在的地方,通过演唱缇娜托尼儿歌、做课间操等互动形式,给孩子更多的社交引导等。这一系列的活动让这个品牌广受小朋友的欢迎。

成功的IP化之路都是被长期运营出来的,如果一个企业只是打造出

IP形象，并没有长期跟进与运营，那么即使这个IP形象再好，也没有发展的空间。也许用不了多久就会被人遗忘，最后不了了之。而要想将一个普通的IP通过运营发展为成功的IP，大家不妨从上述三个关键点出发试试看。

第八章

五大品牌运营思维，让IP助力品牌快速深入人心

用户思维：得用户者得天下

在互联网信息时代，消费者拥有了主动权。这个时候，"用户至上"的理念不能再像过去一样，只是一句空话，而应该让它真正落地，并且要掷地有声。换句话说，品牌IP化必须秉持着用户思维，要真心对用户好，全心为他们着想，这样用户才能更好地接纳你的品牌和产品。

那么，什么是用户思维呢？简单来说就是"以用户为中心"，是针对客户的各种个性化、细分化需求，提供各种针对性的产品和服务，真正做到"用户至上""顾客就是上帝"。

通常来说，企业秉持用户思维必须遵守以下三个原则。

1. 得用户者得天下

在当今这个商业环境下，用户是企业和品牌生存和发展的重要资源。如果我们在品牌IP化的过程中，不重视这个关键因素，那么品牌和用户之间肯定无法建立起沟通和信任的桥梁。反之，如果运营者一开始就能重视用户，并且通过市场调研、收集用户反馈的方式深入了解用户的需求和期望，并且根据用户的需求和喜好，不断地调整和优化IP的内容和形式，那么用户和品牌之间就会产生良好的情感连接。

比如，在小米成立之初，手机市场已被苹果、三星、诺基亚等行业巨头瓜分。但"用户至上"的理念，让小米在竞争激烈的商业环境下打了一个漂亮的翻身仗。仅仅4年，小米的估价就达到了100亿美元。那么，小米是怎么做到的呢？这一切还得从小米的创始人雷军说起。

雷军是小米的超级IP人物。为了让小米品牌走进用户的心里，雷军相继建立了小米论坛、小米微博、小米微信等社区平台，目的是吸引手机"发烧友"的加入。在实现了粉丝规模化之后，小米直接根据粉丝的需求和建议来设计手机，并邀请他们参与手机内测，接着客服将粉丝反馈上来的意见送到设计部门，而设计部门再根据用户的喜好和建议做进一步调整。就这样，经过一轮又一轮粉丝的意见反馈，小米将自己手机的设计和性能达到了理想的状态，最后投入市场。

另外，为了表达对用户的重视，小米还将自己定位为"为发烧而生"。小米这种"用户至上"的理念换来了米粉们对品牌的忠诚，也为小米品牌赢得了光明的未来。

2. 提升用户的参与感

20世纪50年代，美国一家食品公司发现自己家的蛋糕粉一直滞销，不管研究人员怎么修改配方，销量就是上不去。后来，这一难题被美国一个名叫欧内斯特的心理学家解决了，他的解决措施就是把蛋糕粉里的蛋黄去掉，因为预制的蛋糕粉配方里面的材料配得太齐了，导致家庭主妇们体会不到"亲手"做的感觉。去掉蛋黄之后的蛋糕粉虽然让烘焙的难度增大，但是蛋糕粉的销量却迅猛增长。后来，人们把这个现象称为

"鸡蛋理论",即人们一旦参与了某件事,在这件事情上付出时间、劳动或者情感,那么这些付出的成本会影响人们对这件事情的看法。

后来,这个蛋糕理论被运用到商业领域,商家纷纷设置与用户互动的环节,让他们积极参与进去,在参与的过程中,用户对品牌和产品就会产生不一样的感情,从而给出较高的评价。

在品牌IP化的过程中,我们也可以让用户参与进来,比如,设立线上投票、社区讨论的方式,让用户参与品牌的创造;运用积分系统、勋章奖励等手段,把用户拉进来参与;举办新品发布会、粉丝见面会等方式,给用户一个贴近品牌的机会;在社交平台上发布有趣的话题和内容,与用户互动。这些都可以给用户一种受尊重和受重视的感觉,而用户也在一次次的参与中加深对品牌的感情。

比如,三只松鼠在品牌IP化的过程中,发起一个"最主人"自拍PK赛话题活动,这个活动要求消费者与三只松鼠的产品合影,然后将所有合影经过投票选举的形式,评选出最有意思的合影,最后,三只松鼠会给这个幸运的主人送出免费零食。

三只松鼠用营销活动引导用户积极参与,在参与中提升了用户对品牌的好感度和忠诚度。

使用过同款营销手段的还有小米。2014年,小米在央视的春晚节目上投放了一条电视广告《我们的时代》:"我们的名字叫年轻,在追逐梦想的路上,我们不断向前,去探索,去改变,去拼搏。含泪跌倒,微笑重来,让世界看清我们的样子。2014,我们的时代来了!"

这条广告用一分多钟的时间向观众们讲述了一个青春励志的故事，其中有滑板少年、芭蕾舞者、足球队员、乐队歌手等，这些充满活力的年轻人，再配上紧凑的音乐与快速的画面切换，看得人心潮澎湃，充满力量。虽然这则短片被人说成没有创意，内容老套，但这次营销活动却让小米获得了更大的知名度。小米公司是这样引导用户参与活动的。

在春节晚会的前几天，小米策划了一场立体化的营销攻势，市场、网站前端、后台等多个部门共同参与。

首先，小米官网、小米社区、官方微博、公众号、QQ空间、百度贴吧、MIUI、米聊、多看论坛等举办了视频首映式，实现了跨终端、跨新旧媒体、跨用户群的大范围曝光。视频发布的当天，仅优酷上的视频完整播放量就突破百万次，两天时间内赢得了近5000万个赞。与此同时，小米还发布了电影海报，消费者可通过转发海报参与抽奖活动。

其次，消费者在看完视频后可以写影评，如果写得出彩，能够获得官方的赏识和推荐，还有机会赢得移动电源。而在小米的微信公众号上也推送了一篇《看春晚广告，送小米3》的文章，用户看完这个一分钟的广告之后，可以点赞、砸金蛋，还能选择自己喜欢的背景海报，输入励志话语，生成一幅属于自己的海报，然后分享到新浪微博。

经过一系列与用户互动的分享机制，小米获得了非常好的口碑，其影响力和知名度也大大提升。

3. 用户体验至上

用户体验是一种主观的感受，是用户在接触到品牌产品和服务的整个过程中形成的综合体验。运营者要想提升用户的体验感,那就要在细节上下功夫。俗话说,细节见真章。一个品牌好不好,完全可以从细节的把控上体现出来。

举个例子,星巴克为每一座城市的消费者设计特有的水杯。按照他们的标准,这座城市只要有10家以上星巴克门店,就可以发售城市杯。这个城市杯里融合了当地的风景、建筑或者风俗人文等特色元素。当然,城市杯每个系列里也有不同的款式,比如马克杯、随行杯和保温杯等。总之是全方位地为消费者提供高质量的服务。

再比如,米其林轮胎,为了方便用户在旅途中选择餐厅、保养轮胎,还专门印了一本红色小册子发布可靠、实用、方便的信息。而且,为了保证信息的及时性和丰富性,它每年都发布不同的版本。而消费者也因为享受到这些细致贴心的服务,从而愿意成为它忠实的粉丝。

总而言之,在品牌IP化的过程中,运营者可以根据消费者的需求,以温暖、贴心、舒适的方式为其提供优质的服务,以此建立双方的情感连接;也可以根据主客观环境的变化,不断对品牌进行创新和迭代,给消费者带来一种新奇的体验;还可以建立社群,在群里分享经验,交流感受,随时给消费者答疑解惑,带来专业且细致的服务,给消费者一个好的体验,消费者也会因此对品牌产生很浓厚的感情。

但是在品牌IP化的过程中,很多品牌并没有把这些细节问题放在心上。尤其是在促销活动中,他们认为礼品就是一个无关紧要的赠品,所以没必要太过在意,控制成本才是需要重点考虑的问题。殊不知,这种忽略用户体验，不懂用户思维的运营者很容易给品牌招黑。我们常常说，礼品是人品的延续，更是品牌形象的体现，如果你在选择礼品的时候，不关心消费者喜不喜欢，不琢磨他们喜欢什么，也不在意礼品是否符合品牌的形象和价值，而是为了控制成本而选择廉价且质地粗糙的水杯、钥匙扣、印着硕大商标的文化衫、帆布袋，和翻开满是广告的笔记本和日历等一类的东西，那么这样的礼品不如不送。极度被敷衍的营销行为，消费者是看得出来的。他们很有可能因为你的一个不经意的行为就转投竞争对手的怀抱。

利用IP助力品牌是当今商业运营的重要趋势，而用户思维又可以帮助品牌更好地和用户连接在一起，所以，我们一定要利用这个思维方式，提升品牌的价值和市场的竞争力。

产品思维：品牌运营的法宝之一

企业要想做好品牌IP化运营，除了要有用户思维，还要有产品思维。因为，如果品牌的产品不好，那么坏名声就有可能被全网传播，从而对品牌的声誉造成严重的影响。所以，在品牌IP运营的过程中，产品思维是很重要的内容之一。

产品思维是一种想要做好产品需要具备的思维模式。如果缺乏这种思维，那么运营者可能只是重视硬性的产品，而不重视软性产品。换句话说，只是重视产品的品质、功能、颜值等，但是却不重视产品的软性营销，不懂得包装产品的特点和卖点，导致好产品像哑巴一样，从而失去了消费者的赏识。

所以，作为一个运营者，一定要有产品意识，用IP思维给产品披上一层"滤镜"，让消费者与品牌和产品产生情感的连接，从而愿意花钱消费。

下面，我们运用产品思维从四个方面介绍产品应如何进行软性营销。

1. 专业

如果你是一个细心的人，你会发现很多品牌的广告语都是围绕"专业"二字展开的，比如，"清扬洗发水，专业去屑二十年""十年顾客信赖，十年好似一日""十年服务，十年品质""海飞丝专注去屑"等。

这些广告无不用文案向消费者树立自己专业的品牌形象，以此加深人们对品牌的信任。

2. 极致

无论你兜售的是产品，还是服务，只要能把它们做到极致，那么就不愁产品卖不出去。比如，火锅界的巨头——海底捞把服务做到了极致，在这里消费，消费者可以享受个性化服务，服务员真诚、热心，急消费者之所急，忧消费者之所忧，所以它可以深深吸引消费者的心。

另外，为了凸显品牌形象，海底捞还特意设计了一个"Hi"的商标，它代表着海底捞亲切地跟用户打招呼，加深了双方的互动。另外，商标的每个字母都很讲究，"H"像一双搭着肩膀的筷子，代表了吃食的属性；而"i"像辣椒一样，强化了川味火锅的属性。这个商标整体看起来，亲切且富有活力，可以很好地吸引年轻一代的消费者。

3. 简约

美国苹果公司的联合创始人乔布斯曾经说过："这就是我的秘诀——专注和简单。简单比复杂更难，你必须努力让你的想法变得清晰明了，让它变得简单。但是，到最后，你会发现它值得你去做。因为一旦你做到了简单，你就能搬动大山。"

很多品牌纷纷把自己的品牌形象往简约的方向靠拢。比如，利郎商务男装联合影视明星陈道明推出了这样一条广告："有人说我处事简单，我认为进固然需要努力，退更需要智慧用心。取舍之间，彰显智慧，简约而不简单，利郎商务男装。"

这个文案道出了品牌"简约而不简单"的精神内涵，这一品牌理念正好契合了目标消费者的心，所以品牌形象根植在消费者内心。

4. 创新

在产品同质化严重的今天，如何让品牌从一众竞争者中脱颖而出，已经成为万千运营者急需解决的一大难题。通常来说，在一片"雷同"的商海里，创新才是唯一的出路。比如，海底捞就曾经联合异开视觉艺术设计公司通过踏入元宇宙赛道，增加和强化周边产品的创新！

在此次活动中，海底捞以虚构的茄茄星为灵感来源打造了六款小嗨公仔及一款隐藏款"首席陪吃官"。这六款小嗨公仔分别扮演农夫、宇航员、画家、牙医、魔法师、歌手。首席陪吃官则是茄茄星的幕后大BOSS，能够吞噬一切的黑暗负面力量，胃口大到能吃下整个茄茄宇宙。

这七个可爱的小家伙联手讲述了这样一个脑洞大开的故事：寰宇大队长在一次外出冒险时发现了一颗从未遇见过的星球。后来，他将番茄种子种在了这颗星球上，并且召集其他的好朋友一起建设和守护这颗星球。最后，在他们共同努力下，大家在这个星球上开启了美好的生活。

整个品牌故事脑洞大开，创意十足，正好迎合了年轻消费者喜欢探险并追求美好新鲜事物的个性，所以深受消费者的喜爱。

产品思维是树立品牌形象，建立品牌与客户情感的一个有力武器。每个运营者都应该具备这样的思维，再运用该思维为产品做好软性营销，这样品牌才能获得更好的发展前景。

场景思维：提升品牌的体验价值

《荀子·劝学》中有这样一句话："蓬生麻中，不扶而直；白沙在涅，与之俱黑。"它的意思是，蓬草生长在麻地里，即便不用扶也是挺立的；白沙混进了黑土里，就再也没法变白了。这句话告诉我们一个道理：场景氛围对一个人的影响真的非常大。当一个人身处一个节奏欢快、喜气洋洋的音乐氛围里时，他的心情会变得开心；当一个人身处一片寂然无声、四周漆黑的环境里时，他的心里会莫名地感到紧张、害怕。所以，作为一个运营者，在品牌 IP 化的过程中，一定要有场景思维，重视场景的设置，这样才能促使消费者更好地感受和理解其中蕴含的情绪和情感。

比如，我国台湾地区的妖怪村就是一个形象鲜明的 IP。它围绕奇幻怪异的特点布置了一系列的场景：吸妖怪嘉年华、击鼓祈福仪式、吸人猫面包、枯麻烧、居酒屋日式烧烤等，这些活动的名称都带着诡异的气息。另外，住宿地点也大多以阴森、恐怖为主题，比如妖怪村主题饭店、明山森林会馆、18 处独栋森林木屋等。妖怪村开发的文创产品也是一股浓郁的"妖怪"风，比如玩偶、枯麻贴纸、清酒等。这种阴森恐怖的氛围给游客们留下了深刻的印象。

再比如，德国卡尔斯草莓农庄为了让游客产生情感的共鸣，专门推出了一个可爱的草莓人偶作为 IP 形象。走进农庄，你会发现这个草莓人偶和各个产业融合得非常好，你可以体验草莓主题的住宿、草莓主题的餐饮、草莓主题的游乐项目等。另外，这个 IP 形象还和游客一起参加各种游戏，在游戏的过程中与游客建立起持久的情感连接，也让游客深深地记住了这个 IP。

所以，品牌围绕 IP 主题给消费者设计合适的场景，可以让人们在场景的氛围和仪式中激发出对品牌的情绪和情感。

那么运营者在搭建场景的时候，需要注意哪些因素呢？

1. 时间

在场景营销的过程中，时间是一个需要重点考虑的因素。因为它是一个较大的变量，所以事先需要认真思考清楚。比如，这个营销活动需要选择哪个日期，要选择一天当中的哪个时间段更合适，能激发用户情绪的环节确定在哪个时间段内进行更好，搭建的营销场景需要耗时多久。

2. 人物

人物是场景化营销的核心因素。在策划场景营销之前，先想好要针对哪个类型的用户，这些用户的年龄、性别、地域分布、文化程度、职业收入、兴趣爱好等都是在策划设计时需要参考的因素。如果忽略这些因素，那么你所营造的场景将很难抓住消费者的核心需求，也很难打动消费者的内心。

3. 事件

在场景营销中，运营者需要围绕IP主题策划一个故事或者事件，通过这个事件，实现品牌和个体的情感共鸣。当然，为了达到理想的效果，运营者在策划的时候可以增加一些具有趣味性或有感染力的东西。

4. 空间

任何场景都需要依托一定的物理空间而存在，所以运营者在策划场景营销之前先选择好合适的场地，至于具体选择哪里更合适，要考虑自己的营销活动有没有一些特别的要求，比如，活动现场摆放的道具多不多，有没有对装修风格的要求，是否需要播放背景音乐，是否需要灯光装饰等。

以上就是营造场景时需要注意的四个基本要素。这些因素虽然是场景化营销的必备因素，但它们却不是保证场景化营销成功的关键因素。

下面，我们用一个典型案例来说明，策划场景营销时什么才是最主要的。

一家酒店为了做营销活动，分别设立了四个场景：酒店前台、大厅入口、餐厅桌前以及房间床头柜上。这次活动的流程很简单，酒店分别在这四个地方放了易拉宝、宣传推广的二维码、活动单页等宣传物料，客人们通过这些物料了解活动详情，然后扫码进入 H5 页面参与抽奖，有机会获得实物奖品。

经过两天的营销活动，酒店的工作人员却有了一个惊奇的发现：本来人流量大的地方，比如大厅入口处、酒店前台，参与活动的人数却很少，而餐桌前参与活动的人数却出奇得多。这是为什么呢？酒店人员对这四个地方进行了实地体验模拟，结果他们发现，大厅入口和酒店前台这两个地方虽然人流量大，但是大家都步履匆匆，根本没有注意到有这个扫码抽奖的活动。换句话说，客人们经过酒店大厅的入口，要么是为了办理入住手续，要么是为了离店赶路，所以根本不想参加这个活动，也不会为了参与抽奖而堵在门口，影响其他人出行。而在房间的床头柜前，大多数客人都会选择玩手机、看电视，或者聊天、看书，也不愿意把注意力分散到别处，只有在餐桌前等餐和就餐的时候，大家才愿意用碎片化的休闲时间用目光扫视周围的一切，这样宣传活动被看到的概率就很大，所以参与活动的人数也很多。

由此可见，在场景化营销的过程中，用户流量大也不一定就会有好的营销效果，关键是这个场景能否获取用户的注意力。假如在活动一开始，酒店的人员在房间内的水果上贴上活动的二维码，或者在酒店的休闲区域贴上活动的海报，是不是效果会更好一些呢？

所以，在场景营销的过程中，运营者一定要充分考虑受众的需求和心理，根据他们的习惯和喜好来设计场景的细节及营造氛围，这样才能吸引他们的注意力，将IP形象根植于用户心中。另外，场景的设置也要有可持续性和延展性，这样方便IP在后续进行运营和拓展。

平台思维：对接需求和服务，助力品牌快速增长

在整个品牌IP化的运营过程中，我们既要重视用户思维，又要重视产品思维，既要重视场景思维，还要重视平台思维。因为平台是对接消费者需求和服务的关键要素，如果缺少它，那么品牌无法快速增长。

在品牌IP化的过程中，企业应该如何运用平台思维吸引和留住更多的用户呢？下面是几个实用的建议。

1.深度洞察用户的需求

用户的需求是品牌在后续运营的关键因素之一。如果不了解用户的喜好和需求，那么就无法为平台的设计和运营提供基本的依据。

2.创造出优质的内容

平台要想留住更多的用户，就离不开优质的内容。这些内容可以是专业的观点，也可以是跟品牌有关的独家报道等。总之，只要有了满足

用户需求的优质的内容，那么平台就有了吸引用户的砝码。

3. 建立社群

为了更好地让用户与品牌进行情感的交流，运营者还可以搭建一个社群，在群里鼓励用户多多参与，多多进行互动和共享，这样既可以提升平台的活跃度，又可以增加用户对品牌的认知和感情。

另外，为了让用户有一个良好的体验，运营者还需要制定一系列的社群规则，否则，不良的社群体验会影响用户对品牌的感情。

4. 合理利用大数据

各个平台运营情况是否良好，我们可以通过分析大数据来获悉。然后，运营者根据数据的反馈，分析用户的行为和喜好，以此不断优化平台的运营策略，从而将用户的心牢牢锁在平台上。

5. 搭建多个盈利模式

平台搭建好，一切准备就绪之后，我们可以展开自己的终极目的——盈利。具体来说，可以采用电商推广、品牌合作、内容付费等方式，增加品牌收益的渠道。

总而言之，平台思维是一个以用户为中心，旨在通过构建一个能吸引和留住用户的平台，来打造具有影响力和商业价值IP的思维模式。它对品牌的长远发展具有很重要的意义，运营者在日常的工作中应该具备这样的思维和意识。

品牌力：品牌IP化之路

大数据思维：为品牌腾飞插上翅膀

美国有一家超市，经常把婴儿纸尿裤和啤酒放在一起销售，很多人对于这个销售策略并不理解，他们不明白，这两个完全不搭边的东西放在一起售卖有什么深意。后来，超市的一位管理者给出了答案：他们经过大数据分析比对，发现购买纸尿裤和购买啤酒的人群的重合度竟然达到了90%以上，也是基于这组数据的考虑，超市大胆做出了这个决策。后来发现，超市自从将纸尿裤和啤酒放在一起售卖之后，二者的销量都提升了很多。

这个案例告诉我们：大数据对企业的营销具有很重要的参考价值。在品牌IP化的过程中，运营者也应该具备大数据思维，利用大数据帮助品牌高效决策，这样可以大大提升工作的效率。下面，我们从几个方面入手，一起探讨数据思维对品牌IP运营的作用。

1. 数据可以帮助品牌洞察消费者的需求

有家口碑不错的减肥中心，团队实力很强，而且学员的减肥效果也很不错，他们的满意率极高，但是这个减肥中心发展的速度一直很慢，对此创立者做了一次数据调查，经过传统调研方式再结合线上的数据分析，他发现，业务发展不顺利的原因是他们对客户的心理把握得不精准。这些减肥者苦恼的不是没有时间和精力去减肥，也不是没有掌握正确的减肥方法，而是自己在减肥的道路上无法克服心理障碍。换句话说，这类人明知道减肥要管住嘴，迈开腿，但是真的很难做到，所以心里很纠结，很痛苦，希望能够得到专业人员的心理疏导。从整个统计数据来看，这类人的占比竟然达到了44.6%。后来，针对这一需求，这家减肥中心开设了一个减肥心理咨询的服务项目，很多人纷纷报名参与，而这家减肥中心的生意也慢慢好了起来。

2. 数据可以帮助品牌锁定竞争对手

在品牌IP化的过程中，我们也要时刻关注竞争对手的动态，因为营销策略也要根据竞争对手的策略做进一步的调整。那么，与竞争对手相关的信息应该如何获悉呢？我们可以从企业、产品、用户层面来反推，当然也可以通过分析数据获取。比如，你是卖粘鼠板的商家，你可以分析用户在你的店铺稍作停留之后，又去了哪里，购买了哪家的什么东西。通过分析流失的用户去向云图，你就能大概锁定自己的竞争对手，从而根据竞争对手的实际情况，再做进一步的营销策略。

另外，我们还可以通过分析用户的搜索历史和浏览历史的数据来推断用户的喜好，用销售数据探测用户的情绪等。总而言之，数据是站在理性、客观和可量化的角度对营销中的各个环节进行监控的，运营者可以用数据驱动运营，辅助品牌把未来的路走得更顺更远。

第九章

跨界衍生将品牌IP价值最大化

品牌为什么要跨界联名

在前面的章节中,我们阐述了一些关于品牌与品牌之间跨界联名的案例。很多合作的品牌最后都实现了一加一大于二的营销效果。比如,截至2018年,腾讯互娱与包括IT、快消、餐饮、零售、互联网、电商、汽车交通等19个行业、95个合作伙伴,展开了487个项目的品牌跨界合作。那么,这些品牌为什么要联合起来跨界营销呢?这样做的原因又是什么呢?下面,我们一起盘点其中的原因。

1. 降低品牌塑造和传播的成本

当品牌向消费者提供个性化的服务时,品牌对它的单个用户的维护成本骤然增加,不管是地域,还是情感;不管是喜好,还是需求,运营者对消费者的探究和维护都比较吃力,与此相对应的品牌塑造和传播成本也大大增加。为了应对这种情况,品牌不得不寻求与其他品牌合作,资源互换,抱团取暖,跨界合作,以此提升品牌的影响力,增加品牌的收益。

2. 抢夺用户极度稀缺的注意力

在这个信息大爆炸的时代,品牌方要想在铺天盖地的营销广告中杀出重围并不是一件简单的事情。这个时候，品牌方选择跨界联名，推出一个新的 IP，以此来唤醒用户的深层情感、底层记忆和内心情怀。这样既可以降低品牌营销成本，也可以有效抓住用户的注意力，同时还可以提升品牌的知名度。

3. 帮助品牌突破限制

按照传统的营销模式，品牌很难有大的突破。但是如果品牌实现跨界联合，形成一个成功的 IP，那么这个 IP 就会反哺品牌，从而让品牌吸引到更多的用户，使品牌的知名度进一步扩展。

4. 为了满足消费者的快感

在消费市场上，消费者在消费的过程中，追求一种新鲜、快速、满足的感觉。为了迎合消费者的这一需求，品牌之间的跨界联合就应运而生了。在多方合作下，可以为消费者呈现出一种新潮的、高效的服务模式。

总而言之，品牌跨界联名是一种全新的营销策略，它与传统的营销方式不同，可以联合 IP 产品引发消费者的共情，从而让品牌快速抢占消费者的心智。下面，我们从四个角度出发，探讨跨界营销会给品牌带来哪些积极的意义。

1. 加深品牌与品牌之间的了解

品牌和品牌之间联合，有很多新奇好玩的模式。比如马应龙和口红联合；肯德基和六神花露水联合；白猫洗洁精和酷氏汽水的跨界联合。这些品牌之间虽然没有强的相关性，但是却碰撞出了新奇的火花，吸引了消费者的眼球。

当然，除了这种模式，还有的品牌会选择和自己有共同价值观和用户启发点的品牌合作，争取互利共赢。最后，还有一些实力弱小的品牌会寻找一个当红的品牌，租赁当红一方的品牌调性、品牌影响力和品牌受众人群。总之，不管采用哪种合作模式，都加深了品牌之间的了解，也为品牌的未来找到一条新的出路。

2. 激发用户的购买兴趣

原本消费者可能对一个品牌的产品不感兴趣，或者根本没有多少了解，但是通过品牌间跨界联合，反而激发了消费者关注该品牌的热情，也激发了他们购买的热情。比如，某知名餐饮品牌和某啤酒品牌联合推出了一款联名产品，本来消费者可能对这款啤酒没有多少了解，但经过这次跨界联名活动，这款啤酒一下子走进了消费者的心里，也一下子打开了他的眼界和味蕾，从此以后该消费者便成了这款啤酒品牌的忠实用户。

3. 帮助品牌实现年轻化战略

很多传统的品牌因为影响力不足或者调性不够，导致生意冷冷清清，没多少顾客。这个时候，若是能和一些新兴的品牌联动，那么就会为自家品牌输送新的活力。比如，一些老牌品牌和美国潮牌 Supreme 跨界合作，进行二次元 IP，最后收获了一批年轻的粉丝。再比如，茅台和瑞幸咖啡联名，从而使老牌品牌实现了年轻化，新品牌增加了文化底蕴。

4. 提升品牌价值

通过跨界联名，品牌可以分享彼此的用户群体和市场资源，这样就扩大了自己的知名度和影响力，也为品牌扩展了新的市场和消费群体，品牌的产品可以覆盖更多的市场，产品线也随之扩大。而且，品牌的价值和市场地位也有了质的提升。

总而言之，跨界联名可以为品牌带来多方面的好处。运营者可以采用这种营销策略，为自己的品牌建设添砖加瓦，当品牌有足够的实力在市场上立足时，那么利益就会源源不断地流向企业的口袋。

品牌跨界如何有效地利用 IP

在传统观念里，每个行业之间相差甚远，因此就应该泾渭分明，各自发展。可随着时代的发展，越来越多的人和事实现了"跨界"。比如，歌手转行做主持人，主持人也可以做演员等。只要一个人的流量足够大，吸引力足够强，不管走到哪里都很受欢迎。这样的情况，不仅适用于娱乐圈，而且也适用于商业圈。

在商业市场上，很多品牌互相借势，做辣条的和做床上用品的合作做生意，做彩妆的联合可口可乐打起了广告……各种跨界合作模式层出不穷。一般来说，品牌跨界主要分为两种，一种是品牌和品牌的跨界，另一种是品牌和IP的跨界。本节重点探讨品牌跨界如何有效地利用IP。

首先,在跨界营销的时候,要树立一个观念,跨界营销没有一个绝对正确的标杆,所以在运作的过程中,不要试图寻找成功案例,照抄作业是行不通的。品牌运营者最理智的做法是认识到营销的本质,然后量体裁衣,策划适合自己的营销思路。其次,品牌在跨界营销时要注意以下几点。

1. 选择合适的IP

选择什么样的IP,是IP定制的重中之重。如果选择不好,那么跨界营销很大概率会面临失败的风险。如果选择成功,那么它会最大限度为品牌赋能,让品牌的价值实现进一步的提升。

而选择什么样的IP,跟合作的品牌有一定的关系。合作的品牌双方只有关系和谐,才能共同努力定制出好的IP。

一般来说,存在以下几种关系的品牌合作起来才是"良配":

(1)双方属于不同的行业,不存在竞争关系,这样品牌之间才能和平相处。反之,如果选择相同的行业,比如小米和华为、海飞丝和清扬,双方有可能为了自己的利润互相厮杀,很难有合作的基础。总之,不同的行业、不同领域的两个品牌更容易做到互惠互利,互相赋能,实现双赢。

(2)合作双方在各自领域具有一定的知名度和影响力。这种合作方式就属于强强联合。二者"门当户对",都有一定的粉丝基础,通过合作能产生叠加的品牌效应。

（3）合作双方存在互补和反差。这样的合作类似于两个性格互补的男女结婚。因为彼此能互补，所以过日子才能更加和谐。同样的道理，因为品牌双方存在互补和反差的关系，能让用户产生新鲜感，也才能引发话题和议论，从而让品牌双方获得更多的热度。

跨界合作的双方结下"良缘"之后，就可以根据双方品牌的特性、产品的功能、目标人群的特征，以及渠道资源等多个方面综合考虑，从而选择合适的IP。

2. 借助营销活动引爆IP流量

选择好合适的IP之后，就需要借助营销活动引爆IP流量。那么，怎么才能成功实现这一目标呢？

首先，我们要在策划活动之前，调查清楚消费者的性格特点。一般来说，适合跨界营销的消费群体大多是年轻人，因为只有他们才好奇心爆棚，愿意接受新鲜的事物，愿意追求个性化的、有创意的东西。另外，他们情感丰富，诉求明确，非常感性，很容易被营销策划的故事所打动。所以，定制和策划IP时要充分考虑这一类消费群体的个性特点和需求感受。

其次，营销活动也要选择合适的时机，以及合适的渠道，这样才能为IP的爆火奠定良好的基础。当然，在营销策划活动中，我们还可以利用一些新的技术和营销方式，比如使用AR或者VR，这些技术可以给消费者带来身临其境的感觉，以此让大家体会IP的独特魅力。

最后，我们还可以通过社交媒体、短视频等平台进行互动和传播，以此扩大 IP 的影响力等。

3. 利用 IP 的影响力推广品牌

当我们通过一系列的营销策划活动，将定制的 IP 推向流量的高峰时，就可以借助 IP 的力量来推广自己的品牌。比如，用 IP 的影响力组织线上或者线下的活动，在活动中设置互动的环节，在环节中渗透品牌的信息，以此扩大品牌的影响力，提升品牌的价值。

品牌方要想在品牌跨界中，最大限度地利用 IP 价值，那就必须持续跟进，持续评估效果，然后调整策略和方案。只有这样，品牌跨界的效果才能达到最理想的状态。

跨界联名营销这样玩，创造出自带流量的新蓝海

随着流量红利的枯竭，各个品牌正在从增量时代步入存量时代。在此情况下，品牌如何寻求新的突破点呢？很多品牌想到的举措便是"跨界联名"，他们想通过内卷式的联名，打开新的市场，攻破行业的壁垒，实现经济效益的增长。

事实证明，这样的方法是可行的。如今很多品牌依靠跨界联名的方式收获了一大批粉丝，获得了极高的声誉，将变现之路走得稳稳当当。下面，我们为大家盘点几种品牌跨界联名的常见方式，以便大家参考和

借鉴。

1. 品牌与名人联名

我们都知道，名人身上自带光环，尤其是流量明星，拥有庞大的粉丝基数和超高的人气，他们的号召力极强，商业价值极高。所以，很多品牌都愿意跟他们合作，以此提升品牌的知名度。

通常来说，品牌方在使用这种方法联名时，最好找和自己品牌属性相似的明星，这样才更有说服力。比如，运动类的品牌可以找全红婵、谷爱凌、苏炳添等体育明星。而洗护家纺类的品牌可以找已婚女明星。快消品可以找流量明星。高档奢侈的品牌最好找有威望、有气质的明星，这样的合作才符合品牌的调性，也符合用户的期待。

2. 共创联名

共创联名，是指品牌和品牌之间的联名。不管品牌双方是"门当户对"，还是"趣味相投"，抑或"优势互补"，都可以合作联名。具体合作的方法就是双方通过互相借势品牌元素，从而给消费者带来新的卖点。

比如，中国邮政自成立以来一直沿用了"迅速、准确、安全、方便"的八字方针服务大众。这种老干部式的风格一直到和咖啡跨界合作才结束。2022年2月14日，邮政全国首家"邮局咖啡"在厦门正式开业。未来"邮局咖啡"将被打造为邮政自有连锁品牌，进一步面向全国推广。"邮局咖啡"在保留邮政服务的前提下，又叠加了咖啡饮品和邮政文创服务，它沿用了自身的核心元素，并对此进行了时尚化、工业化的加工。邮政借助咖啡的势给自己的品牌特性带来了新意。

3. IP 联名

如今明星负面事件屡屡发生。为了规避风险，很多品牌纷纷选择与自己相关的品牌方合作，或者与安全系数更高的"IP 联名"。这里的 IP，是指代那些影视 IP、游戏 IP、文化 IP、国家 IP、文创 IP……比如，户外运动品牌凯乐石就曾与《大闹天宫》展开合作。经典的 IP 形象孙悟空一出现，观众的 DNA 就被触动了，大家都愿意为自己儿时的英雄买单，凯乐石也在孙大圣光辉形象的照耀下，获得了消费者的好感。

再比如，《小猪佩奇》与微信联名，推出了官方表情包；小猪佩奇与旺旺推出了联名零食礼包；小猪佩奇与优衣库联名推出儿童睡衣……总之，官方数据显示，《小猪佩奇》的衍生品和正版授权已经超过 750 项。

4. 场景联名

在前面的内容中，我们强调过场景的重要性。很多品牌方在跨界合作的时候会借助场景的搭建，为消费者构筑一个沉浸式的美好氛围，进而激发他们内心购买的冲动。比如，小度添添与 MINI 联手，为广大消费者构建了一个自驾露营 K 歌的美好场景，在这个场景中，观众体会到温馨、惬意、自由自在的感受，所以大家都心向往之，并且不自觉地朝着品牌方引导的方向去购物消费。

5. 话题联名

这个联名方式，我们在前面也讲到过。品牌方要想使用这种合作模式，首先要满足一个基本条件，双方碰撞在一起之后，要自带话题流量。

比如马应龙和口红联合；小龙坎和冷酸灵联名。这种看似矛盾的合作本身就大有噱头，可以成功抓住消费者的好奇心，也能引发人们自发的讨论传播，所以营销效果非常好。

以上就是品牌跨界联名的几种常见方式。不过，不管企业选择使用哪种方法，其最终目的都是与消费者建立情感联结，从而通过情感共鸣获得消费者的喜爱和信任。只要企业把握好这一基本目的，营销方式不管怎么选，大致方向都不会出错。

IP 衍生品，让传播效果事半功倍

2023 年，一部古装仙侠题材剧《长月烬明》火爆出圈，这个 IP 也衍生出很多周边产品，比如人物主题手串、冥夜发光双层摆件、追月紫竹长柄手工腰扇、千年挂饰等。这些剧集衍生周边产品在很短的时间内销售额就高达千万元。另外，这个 IP 的爆火还带动了敦煌、蚌埠、宣城等地的旅游业。

很多商家看到《长月烬明》衍生品的销售盛况，心生羡慕，也想做出这样的成绩，那么，怎么才能复制这样的成功呢？怎么样才能借助 IP 衍生品让品牌获得有效的传播？怎么才能借助 IP 衍生品实现经济效益的增长呢？要想实现这样的目的，首先，我们要深刻了解 IP 衍生品的含义，以及它存在的意义；其次，我们才能在此基础上做出成功的IP衍生品。

衍生品这一概念最早应用于金融领域，随后该概念产生了延展，被广泛应用于文化产业领域。它的广泛定义为：由一原创作品改编的影视、文学、小说或动漫作品，以及根据这些作品中的形象、场景、道具而产生的一系列可供售卖的生活用品、文具用品、衣物甚至主题公园、主题餐饮等与我们的生活息息相关的产品或服务。从定义来看，我们会发现它和原生事物之间有一定的关联。二者虽然不一样，但是互相影响。

而企业品牌的周边产品则是在开发某款品牌的前中后过程中，为加强主导品牌功能或通过主导商品的影响，而衍生出的新产品。换句话说，它的产生是因为工厂化的运作让人们个性化的需求无法得到满足，因为毕竟生产的产品都是一个标准的，他们批量化、同质化，有相同的规格和包装。为了照顾到更多有特别需求的消费者，所以，他们生产出部分限量版的，小瓶装的周边产品，一方面采取饥饿营销模式，营造稀缺感，激发消费者的好奇心和购买欲；另一方面吸引更多的消费者，抢占消费市场，促进销量，提高品牌影响力。

总之，品牌IP的衍生品是将品牌以更具亲和力、更具应用性的方式呈现于多维场景，实现品牌全方位、全过程、全领域的价值输出，进而实现跨形态、跨人群的辐射与适度的自传播。

对于一家企业来说，IP衍生品可以帮助品牌实现事半功倍的传播效果。具体来说,体现在以下几点。

1. 增强品牌形象

IP 衍生品是品牌的延伸,它以产品的形式承载着品牌的精神内涵,而且,IP 衍生品的设计、包装、宣传等也跟品牌形象一脉相承,都突出了品牌的特色和价值观,这无疑会加强消费者对品牌的认知和信任,也增强了品牌的形象。

举个例子,世界 500 强象屿集团的品牌 IP 形象是一只名叫晨晨的大象,它以人格化的形象传递着品牌的形象和价值。后来,品牌为了扩大知名度,又设计了一系列与 IP 形象相关联的衍生品,并把它们应用到不同的生活场景中。比如,晨晨的一系列表情包,开心的、疑问的、委屈的、打招呼的、忙碌的、比心的……每个表情都生动可爱,让人看后忍俊不禁。再比如,和晨晨相关的新人入职大礼包、摆件和文具礼盒、手机壳。这些小东西让人加深了对品牌的印象。

2. 增加消费者的黏性

当一些受欢迎的 IP 衍生品在流入市场时,总是能吸引消费者的注意,获得人们的喜欢和青睐。还有一些游戏类的 IP 衍生品更是能引得消费者持续参与,这样就很好地增强了消费者的黏性,从而为品牌的传播创造了很好的条件。

3. 扩大品牌影响力

IP 衍生品作为一种品牌宣传的载体,可以通过宣传活动、社交媒体等方式,提高品牌的知名度。另外,一些影视作品的 IP 衍生品可以吸引一些原本不是该类产品的使用者，以此扩展品牌的受众群体。

总而言之，IP 衍生品可以通过多种方式推动品牌传播，也为品牌增加了新的收益渠道，从而让品牌逐渐壮大起来。所以，作为一家企业的掌舵者，一定要重视 IP 衍生品的开发和营销。

高效开发 IP 衍生品的几个注意事项

IP 衍生品是一块诱人的大蛋糕，它的市场前景也很可观，每个企业都想从中分一杯羹，所以都跃跃欲试。那么，应该怎么样做才能高效开发 IP 衍生品？下面是打造 IP 衍生品的五个步骤。

1.给 IP 衍生品做好定位工作

好的定位是成功的一半。那么，应该如何给 IP 衍生品定位呢？大家不妨从三个方面入手，具体如下。

（1）确定目标用户。因为 IP 衍生品针对的是目标用户，所以在给 IP 衍生品定位时，首先想到的就是这群人的年龄、性别、兴趣、喜好、收入情况等因素。这些因素决定了 IP 衍生品应该是什么样的类型，什么样的价位，应该选择什么样的宣传推广方式。

反之，如果忽略这个环节，运营者按照自己的直觉来打造产品，那么很有可能无法获得消费者的认可，最终白白浪费自己的钱财、精力和时间。

（2）研究同类产品。在摸清了目标用户的基本情况之后，我们还要考虑在同一时期，市场上究竟有哪些类型的 IP 衍生品。为了自己的产品能够一经推出就受人欢迎，我们必须分析同类产品的优劣，然后找出差异化的点，再确定自己产品的市场地位。这样的 IP 衍生品才不会跟竞争对手雷同，不会被淹没在同类竞品中遭受失败的命运。

（3）确定产品的特点。经过前面两个步骤之后，IP 衍生品基本上已经有了一个明确的定位，这个产品的功能、材质、设计风格、优势卖点等也有了大致的方向。

不过，在确定产品的基本特点之后，一定要检查它是否和品牌的 IP 形象相符，如果无法保持一致性，那就应该及时做调整，否则会给消费者一种不适感。

2. 创意设计

当我们给 IP 衍生品定好位之后，就基本确定了 IP 衍生品的模样。品牌方接下来就到了设计的环节。那么，应该如何设计呢？

首先，从产品形态来讲，我们应该以 IP 的特性为依据，与 IP 形象保持一致，这样才能传递品牌的价值，增加品牌的影响力。其次，从功能与内容来看，设计出来的衍生品要满足消费者的需求，也要符合他们的消费能力，这样才能更好地在市场上推广。再次，在设计衍生品的过程中要注意色彩的搭配，要选择合适的字体，设计出的包装要具有观赏性。最后，设计者还要加入一些有创意的元素，以此吸引用户的眼球，进而加快产品销售的速度。

3. 市场测试

IP衍生品设计出来之后,不可以立刻量产。为了规避投资风险,我们应该先做市场测试。即让部分测试品流入市场,然后观看用户的反应,如果用户的反响很好,产品呈现哄抢的趋势,那么就可以放心做量产,从而坐等收益。如果市场反馈不太好,那么就应该根据消费者的评价和建议做进一步的调整。总而言之,一个爆款IP衍生品的开发不是一蹴而就的,中间会经历很多坎坷和挫折,即使暂时不被认可、不被喜欢,品牌方也应该放平心态,勇敢尝试,正所谓失败是成功之母,失败的次数多了,我们离成功的距离就近了。

4. 生产和销售

前期经过市场测试和不断的整改,产品达到了理想的状态,就可以放心量产了。不过,这里的量产也是有一定限制的,具体需要生产多少还是要根据市场的需求决定。

品牌方在生产制造的过程中,既要考虑产品的质量、成本和生产效率,还要与供应商、制造商做好全面的沟通,以确保生产顺利进行。当一批能满足消费者需求的衍生品投放市场时,只要产品的质量过关,一般其销量是有基本保证的。

5. 经营和推广

在产品上市之后,为了提升产品的销量,品牌方应该根据目标用户的购物习惯,选择合适的销售渠道。一般来说,产品的营销活动分为线上和线下。在线下,品牌方可以为消费者打造沉浸式的体验空间,激发他们购买的冲动。在线上,品牌方可以做电视广告,也可以开展各种网络营销活动,以此增加这款产品的曝光度。总而言之,经过线上线下的合力推动,产品的销量应该能实现成倍增长。

总之,IP 衍生品的市场规模非常庞大。品牌方只要严格抓好每一个环节,从定位到推广,步步谨慎,步步认真,就不愁打造不出一款好的衍生产品。而衍生品一旦引爆,企业获得丰厚的经济收益便是水到渠成的事情。

如何打造爆款 IP 衍生品

衍生品作为 IP 生态链中不可忽视的一环,具有非常重要的作用,这一点我们在前面的小节里也有明确的阐述。接下来,我们探讨打造爆款 IP 衍生品的方法和技巧。

1. 满足目标用户特定的需求

首先,衍生品必须具备某个功能,以满足消费者特定的需求。这个功能可以是衍生品自带的功能属性,比如,衍生品菜刀要足够坚韧和锋利,以保证它有切菜的功能。再比如,售卖的联名款打火机也要能打着火,点着烟,而不能只是一个好看的装饰品。当然,还有一部分消费者购买衍生品的目的纯粹是为了附着价值买单，为了让它给自己提供价值需求。比如，某个大火的影视IP推出的饰品，消费者喜欢买并不是因为它有多好看，而是把对剧中人物的喜欢嫁接到产品上了，有的时候就算产品卖相很差，质量欠佳，消费者为了延续剧情里的那份感动依旧会选择购买。

其次，在开发衍生品时，品牌方可以基于产品的使用场景，开发配套周边，以加深主品牌的使用感受。

比如，某化妆品品牌在售卖洗面奶、爽肤水、保湿乳、面霜等一系列套餐时，可以再衍生出一个脸部按摩仪，帮助消费者手动提拉紧致皮肤。这样既便利了消费者，同时也增加了品牌方的收益。

2.产品的颜值必须过关

通常来说，愿意为衍生品买单的一般都是年轻的消费群体，有些人在买东西时不会特别注重产品的实用功能，反而既愿意花时间和精力了解IP，也愿意为自己的情绪价值买单。所以，针对这一类消费群体，产品的颜值必须过关。因为大多数"剁手党"无法抵抗好看的东西。所以，只有好看的衍生品，才有卖爆的可能。

在抖音平台有网友分享了一款手账品牌kinbor的伴手礼，它一出现，众网友直呼心动，纷纷找博主要链接。为什么会这么受人欢迎呢？其中，主要原因是它的超高颜值。打开这份伴手礼，里面装了深蓝和浅蓝两块印泥，印泥的颜色搭配和盒子的主体颜色很和谐。另外，盒子里还有大小不同的四块印章，是由文字和图案组成的。这份伴手礼里面还有印着神奈川冲·浪里的笔记本，本子一打开就有一个精美的海浪一般的折叠页，内页是一份周计划，封面是一整幅精美的图画。另外，还有一个小卡片也是创意十足，用灯光一照就可以映射出一幅很有创意的画。这种设计精美用心且颜值在线的小东西对于喜爱文创产品的消费者，简直就是爱不释手。

3. 选择大的行业

一个衍生产品要想成为大爆款，先要确保它有足够大的市场，市场上有足够多的流量，这样的产品才有大爆的可能。如果这个行业比较冷门，产品就很小众，目标消费群体的数量相对较少，那么产品就算质量再好，也不可能出现大卖的现象。

4. 设置小场景，让消费者快速找到代入感

有时候，消费者愿意购买产品的关键是看运营者的引导。聪明的商家通常会设置一个产品使用场景，给消费者一个非买不可的理由，消费者沉浸其中，意识到自己确实需要这样一个东西，于是毫不犹豫入手。

当然，消费者的需求才是一个衍生品能否卖爆的关键因素。如果你提供的产品卖点并不是他需要的，那么即使你的产品质量再好，他也不会购买的。一个衍生品的卖点有很多，比如质量、观赏性、简洁、便利、健康、环保等，你需要选择与消费者买点重叠的卖点做宣传，这样才能把东西卖得又快又好。

比如，你的品牌和产品针对的目标消费者是中老年人，那么衍生品可以围绕他们的衣食住行展开。假使你是一个卖按摩椅的商家，在出售

一台按摩椅之后，可以推销给消费者一个定制的专属礼盒，里面包含加湿器、按摩锤等。面对这类消费者，开发一些有实用价值的衍生品更受大家的欢迎。

总而言之，在研发衍生产品之前，需要对目标人群的消费习惯、年龄性别，以及兴趣爱好等做一番深入研究，这样才能做到投其所好。

如果你的主品牌产品在市场上同质化严重，没有什么明显的竞争优势，那么不妨将衍生的周边产品嵌入消费者的某个节日的特定需求中。比如，每年的五一有假期，出行的人比较多，可以将衍生品设计成防晒霜、充电器、充电宝、纸巾、湿纸巾、登山杖、眼罩、小手电筒、照相机、洗面奶、爽肤水、拖鞋与泳衣等。这些实用性较强的东西，即便在设计上没什么独特的地方，但因为它们是刚需，也会受到消费者的青睐。